So vielseitig wie die Natur
Südtirols zeigt sich auch
die hiesige Backstube

falkemedia

Südtirol backt!

Die besten Rezepte für Kuchen, Torten und Plätzchen mit dem Thermomix®

Heinrich Gasteiger & Magda Lena Werth

1. Auflage
falkemedia GmbH & Co. KG

Von den Machern der mein ZauberTopf

Inhalt

Alle Rezepte, die mit diesem Siegel gekennzeichnet sind, gehören zu den **absoluten Rezeptklassikern** der traditionellen Südtiroler Backstube. Im Verlauf dieses Backbuchs wird es Ihnen häufiger begegnen. Wer diese Rezepte einmal gemixt und seinen Liebsten die Leckereien serviert hat, wird sie garantiert immer wieder zubereiten!

Willkommen in unserer Backstube!

Endlich ist es so weit: Südtirol mixt wieder! Dieses Mal: die besten traditionellen Südtiroler Backrezepte.

Liebe Backfreunde,

wir freuen uns, Ihnen unser Backbuch für den Thermomix® präsentieren zu dürfen.

In den 12 Kapiteln möchten wir Ihnen das Backen von Kuchen, Torten und Gebäck nach Südtiroler Tradition näherbringen. Mit unseren vielen hilfreichen Backtipps werden Ihnen die unterschiedlichen Kreationen ebenfalls ganz einfach im Thermomix® gelingen.

Die Rezepte sind ausführlich Schritt für Schritt beschrieben und mit appetitlichen Fotos bebildert. Auch aufwendigere Arbeitstechniken werden anschaulich erklärt. Damit die süßen Leckereien gelingen, ist das Wissen um alle Backzutaten sehr wichtig. Deshalb wollen wir Sie darüber ebenfalls in unserem ausführlichen Ratgeber informieren.

Wir wünschen Ihnen viel Spaß beim Backen und Genießen!

Heinrich Gasteiger

und *Magda Lena Werth*

bimby

Der Profikoch

Als Küchenmeister, Fachlehrer und erfolgreicher Autor zahlreicher Koch- und Backbücher widmet sich der Südtiroler schon seit Jahrzehnten der Zubereitung regionaler Köstlichkeiten. Er sammelt und verfeinert unermüdlich bestehende Rezepte, spürt alten Geheimnissen und neuen Trends nach. Zu Letzteren gehört auch der Thermomix®, der – so ist Gasteiger überzeugt – die Arbeit beim Kochen und Backen spürbar erleichtert.

Warum sollte man etwas mit der Hand machen, wenn es eine Maschine schneller, effizienter, zeitsparender und sogar besser kann? Der Thermomix® ist solch ein Helfer, der uns in der Küche zur Hand geht. Kochen und backen müssen wir aber trotz seiner Unterstützung noch allein, denn er kann keine Rezepte auswählen, einkaufen gehen oder Teller anrichten, aber er erleichtert uns das tägliche Kochen ungemein. Wie, das haben wir bereits in unserem ersten Band „Südtirol mixt! Die besten Grundrezepte & regionale Lieblingsgerichte" anhand traditioneller Südtiroler, alpiner und mediterraner Gerichte gezeigt.
Dass uns der Thermomix® auch beim Backen entlastet und wir mit seiner Hilfe köstliche Süßspeisen zaubern können, wollen wir in diesem zweiten Band „Südtirol backt" zeigen. Dafür haben wir nicht nur zahlreiche klassische Kuchen-, Torten- und Grundrezepte ausgewählt, sondern auch einige süße Newcomer. Alle Rezepte wurden von uns verfeinert, neu interpretiert und für den Gebrauch im Thermomix® angepasst. Entstanden sind einfache, für jedermann verständliche Anleitungen, Schritt-für-Schritt-Fotos, Rezepte und Backtipps. Unsere Rezepte sind für Hobby- und Profibäcker gleichermaßen geeignet. Und mit dem Thermomix® haben Sie einen erprobten Assistenten an Ihrer Seite.

Viel Spaß beim Lesen, Stöbern und Nachkochen!

Heinrich Gasteiger

„Kneten, schlagen, rühren: Backen ist mitunter harte Arbeit. Wie gut, dass es Helfer wie den Thermomix® gibt!“

„Essen soll zuerst
das Auge erfreuen
und dann den Magen.“
(Johann Wolfgang
von Goethe)

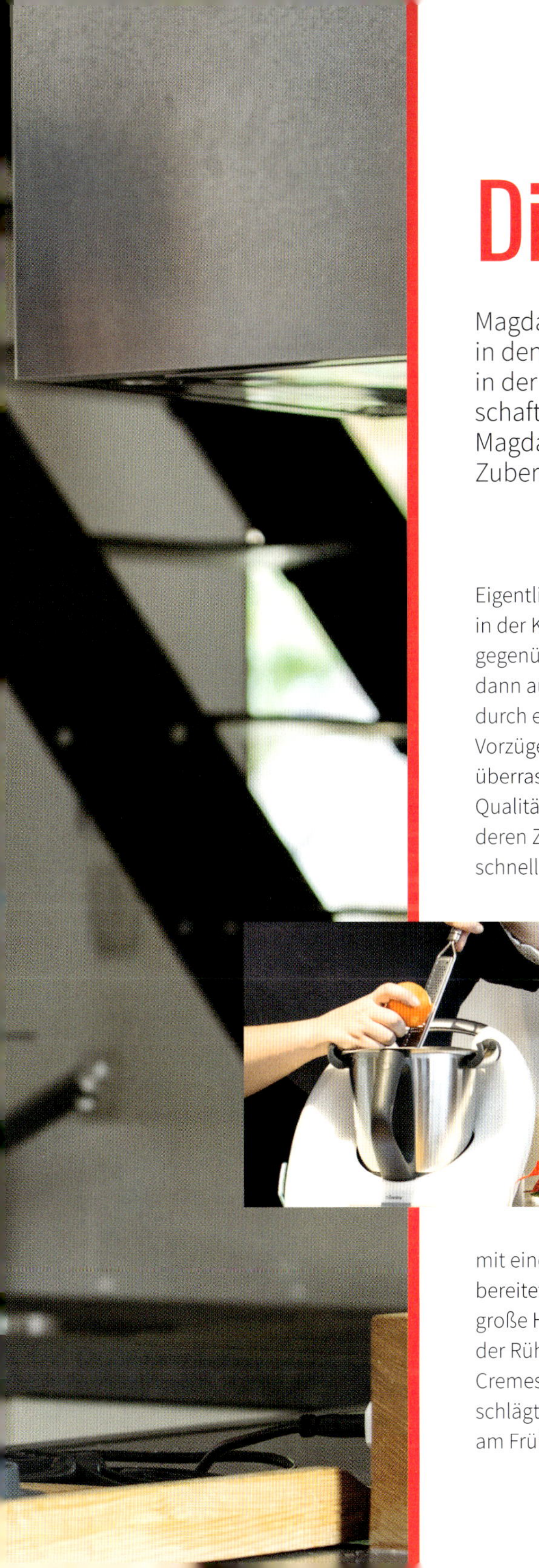

Die Genießerin

Magda Lena Werth stammt aus Naturns, einem Dorf am Eingang in den Vinschgau. Sie ist gelernte Sozialbetreuerin und arbeitet in der Pflege von Menschen mit Behinderung. Ihre große Leidenschaft ist das Backen. Seit 2014 ist der Thermomix® TM5® aus Magda Lena Werths Küche nicht mehr wegzudenken, da er ihr die Zubereitung von Haupt- und Süßspeisen wesentlich erleichtert.

Eigentlich stand ich Neuerungen in der Küche stets skeptisch gegenüber. Durch Zufall stieß ich dann auf den TM5® und wurde durch eine Vorführung von dessen Vorzügen überzeugt. Besonders überrascht hat mich die hohe Qualität der Backwaren und dass deren Zubereitung so einfach und schnell gelingt. Staubzucker ist beispielsweise ruck, zuck in 20 Sekunden fertig und kann immer frisch verwendet werden. Und genau diese Frische bei zerkleinerten Zutaten ist das Geheimnis des guten Geschmacks. Sofort begann ich, Rezepte zu sammeln und auszuprobieren. Die größte Bewunderung erntete ich mit einer im Handumdrehen zubereiteten Käsesahnetorte. Als große Hilfe entpuppte sich hierbei der Rühraufsatz, der die Teige und Cremes fluffig und locker aufschlägt. Begeisterung gab es auch am Frühstückstisch für meinen Hefezopf, der einmalig weich und köstlich ist. Das spornte mich an, mich noch an so manche Köstlichkeit zu wagen, zumal deren Herstellung dank Thermomix® mit geringstem Zeitaufwand zu schaffen ist. Obwohl ich das Gerät nun schon eine ganze Weile verwende, überrascht mich die Schnelligkeit und Vielfalt der Nutzungsmöglichkeiten immer wieder aufs Neue.

In diesem Band finden Sie ausschließlich Rezepte, die schon von mehreren TM5®-Nutzern erprobt wurden. Bekräftigt durch deren positives Feedback haben wir dieses Buch für Sie zusammengestellt und laden Sie auf einen Streifzug durch die süße Welt des Backens ein.

Ich wünsche Ihnen gutes Gelingen!

Magda Lena Werth

bimby
Menu
02 20
90
°C
0

Backtipps

Mit ausgewählt hochwertigen Zutaten gewinnt auch Ihr Gebäck an Qualität. Daher gilt: Mehl, Sahne, Zucker & Co. sollten immer von höchster Güte sein. Einige Basiszutaten können Sie mit dem Thermomix® sogar selbst herstellen, wie zum Beispiel Butter, Staubzucker und Joghurt. Zudem können viele Zutaten mit dem Zaubertopf unterschiedlich verarbeitet werden, beispielsweise werden Früchte zur Kompottfüllung, Ei verarbeiten wir zu Zuckerguss und Frischkäse zu Frosting. Alle Grundrezepte finden Sie hier!

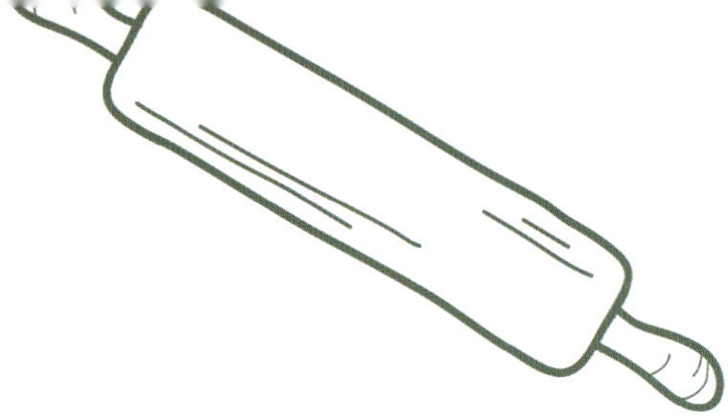

Wertvolle Tipps: Backzeiten und Temperaturen

Jeder Backofen ist anders, deshalb können die angegebenen Backzeiten nur Richtwerte sein. Machen Sie unbedingt eine der folgenden Garproben, um sicherzugehen, dass Ihr Kuchen fertig gebacken ist.

Der Farbtest

Hefegebäck, Kuchenböden oder Gebäck aus Topfen- bzw. Quark-Öl-Teig ist fertig gebacken, wenn sich die Kruste bzw. der Rand goldgelb gefärbt hat. Heben Sie den Kuchen vorsichtig mit einem Messer auf einer Seite an und überprüfen Sie, ob die Unterseite trocken ist, sich gut vom Blech löst und eine schöne goldene Farbe hat. Besonders praktisch ist dieser Test auch beim Keksebacken. Mit etwas Übung erkennen Sie schon bald ohne große Mühe den richtigen Bräunungsgrad.

Der Handtest

Profis bzw. geübte Hobbybäcker überprüfen den Garzustand des Kuchens mit dem Handtest. Das heißt, sie legen die Hand vorsichtig auf den Kuchen und bewegen sie mit leichtem Druck hin und her. Auf diese Weise spüren sie, ob der Kuchen schon kompakt und damit fertig ist oder ob er noch einige Zeit im Backofen bleiben muss.

Der Klopftest

Er wird vor allem beim Brotbacken angewendet. Nehmen Sie das Brot in eine Hand und klopfen Sie mit dem Fingerknöchel auf die Unterseite. Wenn es hohl klingt, ist es durchgebacken und kann aus dem Backofen geholt werden. Klingt das Brot dumpf, lassen Sie es noch weitere 10 Min. im Ofen und wiederholen Sie anschließend den Test.

Der Drucktest

Dieser Test eignet sich für Biskuitmassen, die auf einem Blech gebacken werden. Einen Anhaltspunkt über den Zustand gibt die goldgelbe Färbung. Darüber hinaus kann man durch leichten Druck mit der Fingerkuppe auf den Teig feststellen, ob der Biskuit durchgebacken ist. Bildet sich die Delle sofort zurück und fühlt sich der Boden weich und watteähnlich an, ist der Teig fertig gebacken und kann aus dem Ofen.

Die Stäbchenprobe

Dieser Test ist vor allem bei hohen Kuchen sehr zu empfehlen. Auch wenn die äußere Kruste bereits durchgebacken aussieht, besteht die Möglichkeit, dass der Teig in der Mitte noch nicht gar ist. Stechen Sie daher mit einem dünnen Holzstäbchen in die dickste Stelle des Kuchens und ziehen Sie es wieder heraus. Kleben keine Teigreste daran, dann ist der Kuchen fertig gebacken.

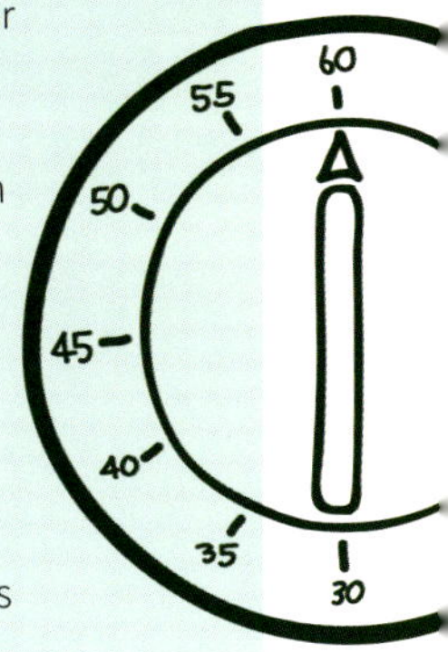

Temperatureinstellungen

Beim statischen Backen mit Ober-/Unterhitze wird die Wärme durch Heizspiralen im Ofen übertragen. Auf diese Weise bleiben die Backwaren besonders saftig. Beim Backen mit Umluft hingegen ist es ein Ventilator hinten im Ofen, der die heiße Luft im Ofen verteilt. Die Backtemperatur sollte etwa 20 °C niedriger eingestellt sein als bei Ober-/Unterhitze. Wird im Rezept beispielsweise eine Backtemperatur von 180 °C bei Ober-/Unterhitze angegeben, sollte die Temperatur bei einem Umluftofen 160 °C betragen. Die Backzeit bleibt dabei gleich, also genau wie im Rezept angegeben.

Umrechnungstabelle Umluft in Ober-/Unterhitze

Umluft	Ober-/ Unterhitze
130 °C	150 °C
140 °C	160 °C
160 °C	180 °C
180 °C	200 °C
200 °C	220 °C
220 °C	240 °C
240 °C	260 °C
260 °C	280 °C

Tipps und Tricks vor dem Backen

Damit Ihnen das Bäckerglück wohlgesinnt ist, haben wir für Sie die besten Tipps und Tricks zusammengestellt, die bei Berücksichtigung vor und während des Backens ein perfektes Ergebnis garantieren.

Was ist gemeint?

- ✓ **Ei zum Bestreichen:** ein ganzes verquirltes Ei, mit dem der Teig bestrichen wird
- ✓ **Kakaopulver:** entölter Kakao zum Backen Orangen- oder Zitronensaft: frisch gepresster Saft einer Orange oder Zitrone
- ✓ **Früchte/Beeren:** frische geputzte Früchte; in Ausnahmefällen kann auch tiefgekühltes oder eingewecktes Obst verwendet werden

Gut zu wissen

- ✓ Eine **Prise** ist die Menge, die zwischen Daumen- und Fingerspitze passt, ca. 1–2 g.
- ✓ Mit **Messerspitze** ist die Menge gemeint, die auf die Spitze eines kleinen Gemüsemessers passt, also ca. 3 g.
- ✓ Ein **Päckchen** Backpulver enthält ca. 15 g.
- ✓ 2 TL selbst gemachter **Vanillezucker** ersetzen 1 Pck. Vanillezucker, Basisrezept S. 20.

Backtrennfett

00 05
std : min

70 g Öl
70 g Mehl Type 405
70 g Kokosfett

Alle Zutaten in den geben und **2 Min. | Stufe 4** verrühren. In einen luftdicht schließenden Behälter füllen und im Kühlschrank lagern.

Tipp: Das Backtrennfett hält sich im Kühlschrank mehrere Monate. 1 EL Backtrennfett reicht aus, um eine Kuchenform auszustreichen. Achten Sie darauf, immer über den Rand zu pinseln! Das Backtrennmittel ist geschmacksneutral und kann sehr leicht wieder abgewaschen werden. Es eignet sich zum Einfetten von Backformen, Backblechen und dem Deckel des Thermomix® – um Verfärbungen, z. B. von Tomatensoße, zu vermeiden –, zum Einfetten des Inneren des Thermomix®, damit der Teig besser herausfällt, sowie von Brotformen, Waffeleisen und der Hände, z. B. für die Bearbeitung von Hefeteig.

Richtlinien

- ✓ Lesen Sie sich das Rezept vor dem Backen genau von Anfang bis Ende durch und halten Sie sich an die vorgegebenen Schritte und Zutaten.
- ✓ Beim Backen kommt es darauf an, die Mengen exakt einzuhalten. Deshalb ist das Abwiegen ein Muss. Wiegen Sie die Zutaten vor dem Backen ab und stellen Sie sie griffbereit auf die Arbeitsfläche.
- ✓ Bei den meisten Rezepten muss der Backofen vorgeheizt werden. Einen elektrischen Backofen sollten Sie, ehe Sie den Kuchen hineinstellen, etwa 10 Minuten vorheizen.
- ✓ Verwenden Sie zum Backen möglichst frische Zutaten, die – wenn nicht anders angegeben – Zimmertemperatur haben sollten.
- ✓ Sieben Sie trockene Zutaten wie Mehl, Backpulver oder Kakao, damit keine Klümpchen den Backerfolg trüben.
- ✓ Backtrennfett zum Einfetten von Formen und Blechen ist sehr hilfreich. Wie Sie das selbst herstellen können, zeigen wir Ihnen in unserem Rezept auf der linken Seite.
- ✓ Einige Teigarten vertragen keinen Zug. Deshalb sollte die Ofentür beispielsweise bei Biskuitböden oder Brandteiggebäck in den ersten beiden Dritteln der Backzeit nicht geöffnet werden.
- ✓ Sahnetorten lassen sich besser schneiden, wenn Sie das Messer vorher in warmes Wasser tauchen.
- ✓ Verwenden Sie zum Backen immer frische Sahne. Sie hat einen intensiveren und besseren Geschmack als UHT-Sahne (ultrahocheritzte, haltbare Sahne).
- ✓ Greifen Sie bei Zitrusfrüchten unbedingt auf Bio-Ware zurück. Ehe Sie die Schale abreiben, waschen Sie Zitronen und Orangen immer mit heißem Wasser und trocknen die Früchte anschließend gut ab.
- ✓ Eier sollten ein mittleres Gewicht haben – Größe M. Bei größeren bzw. kleineren Eiern müssen Sie ggf. etwas mehr Mehl oder Flüssigkeit zugeben
- ✓ Nüsse und Samen bzw. Kerne bekommen ein intensiveres Aroma, wenn man sie vor der Verwendung in einer Pfanne ohne Fettzugabe duftend anröstet.

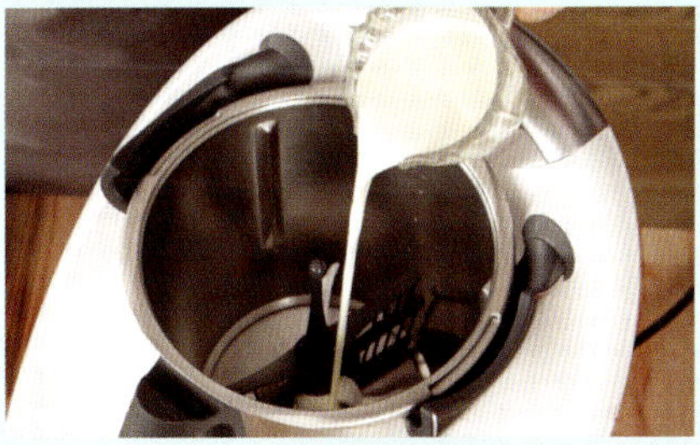

Mehl

Hier erfahren Sie, welches Mehl für Ihr Gebäck das richtige ist, wie Sie glutenfreies Mehl herstellen und wie Sie vielseitige Streusel zubereiten. Zudem finden Sie eine Übersicht über alle gängigen Backtriebmittel.

Glutenfreies Mehl

00 05
std : min

- 100 g Mais (getrocknet)
- 300 g Reis
- 50 g Kichererbsen (getrocknet)
- 100 g Buchweizen
- 120 g Kartoffelstärke

Mais in den geben und **2 Min. | Stufe 10** mahlen, umfüllen. Diesen Vorgang mit dem Reis, Kichererbsen und dem Buchweizen wiederholen. Alle Mehlsorten in den füllen und Kartoffelstärke zufügen. Mehlmischung **10 Sek. | Stufe 3** vermengen. Abgefüllt in verschließbaren Dosen hält sich das Mehl an einem trockenen Ort etwa 14 Tage.

MEHLTYPEN

Mehltypen	z. B. für
Dinkelmehl	Kuchen, Kleingebäck, Brot
Roggenmehl Type 815	Brot und Kleingebäck
Roggenmehl Type 1150	gemischt mit Weizenmehl für Mischbrote und Brötchen
Weizemehl Type 00	Pizza
Weizenmehl Type 405	Kuchen, Plätzchen, zum Binden von Soßen
Weizenmehl Type 550	Brot, Brötchen, Pizza- und Blätterteig
Weizenmehl Type 812	dunkle Weizen- und helle Mischbrote
Weizenmehl Type 1050	dunkles Grau-, Mischbrot, pikante Kuchen und Quiches

Arbeitsschritt	Menge	Form	Zeit + Stufe	z. B. für
Schroten, grob	250 g	ganze Getreidekörner (z. B. Weizen, Dinkel, Roggen)	**20 Sek. | Stufe 10**	Brotteige
Schroten, fein	250 g	ganze Getreidekörner (z. B. Weizen, Dinkel, Roggen)	**40 Sek. | Stufe 10**	Brotteige
Mahlen	250 g	ganze Getreidekörner (z. B. Weizen, Dinkel, Roggen)	**1 Min. | Stufe 10**	feine Backwaren

Streusel bzw. Crumble

00 05
std : min

- 150 g Mehl Type 405
- 1 Prise Salz
- 60 g Zucker
- 10 g selbst gemachter Vanillezucker (Seite 20)
- 50 g kernige Haferflocken
- 100 g Butter, in Stücken

Mehl, Salz, Zucker, Vanillezucker, Haferflocken sowie Butter in den geben und **30 Sek. | Stufe 4** zu Streuseln verarbeiten.

Zum Beispiel über Obst oder Beeren in einer Auflaufform streuen und knusprig backen.

BACKTRIEBMITTEL IM ÜBERBLICK

Art	Eigenschaften	Tipps	z. B. für
Backpulver	Triebmittel aus Natron, einem Säuerungsmittel und Trennmittel. Durch Wärme und Feuchtigkeit entstehen CO^2-Gase, die den Teig auflockern.	Teige mit Backpulver am besten sofort backen, da sonst Triebkraft verloren geht.	Kuchen, Torten, Kleingebäck
Hefe, frisch	Einzelliger Pilzstamm, der Zucker und Stärke im Teig zu CO^2 umwandelt und den Teig dadurch auflockert.	Nehmen Sie die Hefe rechtzeitig aus dem Kühlschrank. Damit der Teig richtig aufgeht, muss die Hefe Zimmertemperatur haben.	Hefezopf, Plundergebäck, Krapfen
Natron	Natron wird zum Triebmittel in Kombination mit einem Säuerungsmittel z. B. Zitronensäure (Grundbestandteil von Backpulver).	5 g Natron + 6 EL Essig oder Zitronensäure auf 500 g Mehl ersetzen Backpulver in einem Teig ohne säurehaltige Zutat.	Kuchen, Torten, Kleingebäck
Trockenhefe	Dehydrierte Hefe – 1 Päckchen Trockenhefe entspricht ½ Würfel frischer Hefe.	Achten Sie auf das Haltbarkeitsdatum – zu alte Hefe ist nicht mehr aktiv, was zur Folge hat, dass der Teig nicht aufgeht.	Hefezopf, Plundergebäck, Krapfen
Weinstein	Salze der Weinsäure dienen als alternatives Säuerungsmittel für Backpulver mit Natron.	Vor der Verwendung kurz in sehr wenig Wasser auflösen, um dem Entstehen dunkler Krümel im Teig entgegenzuwirken.	Alternative zu herkömmlichem Backpulver, geeignet für Gebäcke aller Art

Zucker

Zucker versüßt nicht nur unsere Gebäcke, sondern oft auch unsere Laune. Denn wer kann schon schlecht gelaunt sein, nachdem man eine der süßen Köstlichkeiten aus diesem Buch gekostet hat?

Brauner Zucker

00 05 std : min

250 g weißer Zucker
20 g Zuckerrohr-Melasse

Zutaten in den geben und **1 Min. | Stufe 4** verrühren, dann mit dem nach unten schieben und **1 Min. | Stufe 4** verrühren. In ein Behältnis umfüllen und mit einer Gabel gut durchmischen, um evtl. Verklumpungen zu lösen. Anschließend in ein Schraubglas füllen und dunkel aufbewahren.

Roter Dekorzucker mit Himbeeren

00 05 std : min

10 g gefriergetrocknete Himbeeren
Abrieb von ½ Zitrone
150 g Zucker

Alle Zutaten in den geben und **15 Sek. | Stufe 10** zerkleinern. Ggf. mit dem nach unten schieben und den Vorgang wiederholen. Den Dekorzucker in ein Schraubglas füllen, luftdicht verschlossen und dunkel aufbewahren.

Vanillezucker

00 05 std : min

1 Vanilleschote
200 g Zucker

Die Vanilleschote mit dem Zucker in den geben und **20 Sek. | Stufe 10** pulverisieren. Anschließend in ein Schraubglas füllen und trocken aufbewahren oder nach Bedarf verwenden.

Basis-Funktionen	Menge	Form	Zeit + Stufe	z. B. für
Pulverisieren	250 g	weißer Kristallzucker	**20 Sek. | Stufe 10**	Staubzucker

Zuckerglasur

00 05 std : min

- 200 g Zucker
- 1 Eiweiß
- 4–5 Tropfen Kirschsaft
- einige Tropfen Lebensmittelfarbe

Den Zucker in den geben und **20 Sek. | Stufe 10** pulverisieren. Dann Eiweiß sowie 4–5 Tropfen Saft zufügen und alles **10 Sek. | Stufe 6** vermengen. Für eine intensivere Färbung einige Tropfen Lebensmittelfarbe zugeben.

Zuckerguss

00 05 std : min

- 200 g Zucker
- 30 g Zitronensaft (oder anderer Fruchtsaft nach Belieben)

Den Zucker in den geben und **1 Min. | Stufe 10** pulversieren. Mit dem nach unten schieben. Den Zitronensaft zufügen und **10 Sek. | Stufe 6** verrühren. Nach Belieben mit Lebensmittelfarbe einfärben und nach Bedarf verwenden.

ALTERNATIVEN

Art	Eigenschaften	Tipp	z. B. für
Honig, Ahornsirup, Agavendicksaft	Ähnliche Süßkraft wie Zucker, reicher an Mineralstoffen und Vitaminen	Am besten reduzieren Sie die Flüssigkeitsmenge um ein Fünftel im Teig, je nach Gebäck etwas mehr Backpulver verwenden, damit er wie gewohnt locker wird.	Mürbeteig
Kokosblütenzucker	Ähnliches Volumen wie Zucker, etwas geringere Süßkraft, schmeckt leicht karamellig	Herkömmlicher Zucker kann 1:1 durch Kokosblütenzucker ersetzt werden. Bei Bedarf etwas mehr verwenden, um die fehlende Süße auszugleichen.	Desserts, zum Kochen. Zum Backen nicht so gut geeignet, da er schnell im Teig klumpt.
Xylit	Pflanzlicher Zuckeralkohol, gleiche Süßkraft wie Zucker, aber 40 % weniger Kalorien	Eignet sich nur bedingt für Hefeteige.	Mürbeteig, Biskuit, Plunderteig etc.
Stevia	Hergestellt aus der Stevia-Pflanze, deutlich süßer als Zucker, kalorienfrei	Verwenden Sie nicht zu viel beim Backen, zu große Mengen schmecken leicht bitter oder nach Lakritz.	Low-Carb-Gebäck

Eier

Eier machen Backwerk luftig und geben ihm zugleich Stabilität. Hier finden Sie die besten Grundrezepte mit der kleinen Wunderzutat und erfahren außerdem, wie Sie die Frische eines Eis ganz leicht feststellen können.

Baisermasse

00 10 std : min

- 4 Eiweiß
- 1 TL Weinsteinbackpulver
- 200 g Staubzucker

Rühraufsatz in den einsetzen, Eiweiße sowie Weinsteinbackpulver in den füllen und **4 Min. | 37 °C | Stufe 3,5** aufschlagen. Weitere **4 Min. | 37 °C | Stufe 3** aufschlagen und währenddessen alle 20 Sek. 1 EL des Staubzuckers einrieseln lassen. Je nach Rezept weiterverarbeiten.

Eierlikör

00 15 std : min

- 400 g Zucker
- 30 g selbst gemachter Vanillezucker (siehe S. 20)
- 700 g Korn
- 9 Eier
- 200 g H-Sahne
- 350 g fettarme H-Milch

Zucker und Vanillezucker in den geben, **10 Sek. | Stufe 10** pulverisieren. Restliche Zutaten zufügen, **12 Min. | 80 °C | Stufe 4** erhitzen. Sofort in sterile Flaschen füllen. Ungeöffnet hält sich der Eierlikör bis zu 6 Monate, angebrochen sollten Sie ihn innerhalb weniger Wochen verbrauchen.

Palatschinken

00 05 std : min

- 450 g Milch
- 3 Eier
- 250 g Mehl Type 405
- 1 Prise Salz
- 50 g Mineralwasser mit Kohlensäure
- etwas Fett zum Ausbacken

Milch sowie Eier in den geben und **20 Sek. | Stufe 4** vermengen. Restliche Zutaten zufügen und **30 Sek. | Stufe 4** verrühren. Fett in einer Pfanne erhitzen und aus dem Teig portionsweise in wenigen Minuten Pfannkuchen ausbacken.

Vanillesoße

00 10 std : min

- 300 g Milch
- 4 Eigelb
- 1 Prise Salz
- 60 g Zucker
- 1 Vanilleschote

Den Rühraufsatz einsetzen. Milch, Eigelb, Salz, Zucker, Mark von 1 Vanilleschote sowie die ausgelöste Schote in den geben und **8 Min. | 80 °C | | Stufe 2** aufschlagen. Die Vanilleschote entfernen und die Soße warm oder kalt servieren.

FRISCHE-TESTS

Schütteln	Schütteln Sie das Ei. Wenn Sie ein Gluckern hören, ist das Ei alt.
Wasserglastest	Legen Sie das Ei in ein mit kaltem Wasser gefülltes Glas. Bleibt es auf dem Boden liegen, ist es sehr frisch. Stellt es sich leicht nach oben, einige Tage alt. Steht es fast senkrecht im Glas, ist es ungefähr 2–3 Wochen alt. Eier, die an der Oberfläche schwimmen, sollten Sie nicht mehr verwenden. Sie sind überaltert, das heißt älter als 28 Tage.
Beurteilung des Eigelbs	Schlagen Sie das Ei auf und bleibt das Eigelb mittig, ist es frisch, zerlaufen Dotter und Eiweiß, handelt es sich um ein altes Ei.

EINHEITEN

Gewicht und Größe	g	mm
S/klein	unter 53	ca. 41
M/mittel	53–63	ca. 41,1–43,5
L/groß	63–73	ca. 43,5–45,7
XL/sehr groß	über 73	ca. 45,7–49

Basis-Funktionen	Menge	Zeit + Stufe	z. B. für
Eischnee	4 Eiweiß + 1 Prise Salz	**3 Min. | Stufe 3,5** mit Rühraufsatz	luftigeren Kuchenteig
Ei aufschlagen	4 Eier + 200 g Zucker	**3 Min. | 50 °C | Stufe 7**	Biskuitteig

Milch & Co.

Milch und Milchprodukte sind beim Backen nahezu unerlässlich. Auf diesen Seiten finden Sie zahlreiche Grundrezepte für selbst gemachte Butter, Joghurt und vegane „Milch“ sowie Füllung und Frosting.

Butter

00 10 std : min

- 500 g kalte Sahne (mind. 30 % Fett)
- 200 g eiskaltes Wasser

Sahne in den geben und **7 Min. | Stufe 4** rühren. Die entstandene Buttermilch durch ein feines Sieb abgießen und eventuell zum weiteren Gebrauch aufbewahren. Dann die Butter aus dem nehmen und in einer Schale mit kaltem Wasser mit den Händen zu einem Klumpen kneten. Dabei tritt die übrige Buttermilch aus. Butter in Frischhaltefolie oder Backpapier zu einer Rolle formen, einwickeln und im Kühlschrank aufbewahren.

Tipp: Für salzige Butter ½ TL Meersalz an die Sahne geben.

Buttercreme

00 10 std : min

- 500 g Milch
- 100 g Zucker
- 1 TL selbst gemachter Vanillezucker (siehe Seite 20)
- 30 g Stärke
- 1 Ei
- 200 g weiche Butter, in Stücken

Alle Zutaten, bis auf die Butter, in den geben, **7 Min. | 100 °C | Stufe 4** kochen, sofort umfüllen und abkühlen lassen. Gelegentlich umrühren, damit sich keine Haut auf dem Pudding bildet. Butter in den geben und den zimmerwarmen Pudding durch die Deckelöffnung bei **Stufe 3** langsam zufügen, dann etwa **30 Sek. | Stufe 3** verrühren.

Frosting

00 05 std : min

- 200 g Zucker
- 200 g weiche Butter, in Stücken
- 400 g Frischkäse

Zucker in den geben und **10 Sek. | Stufe 10** pulverisieren. Butter zufügen und **3 Min. | Stufe 4** schaumig schlagen. Frischkäse zugeben, **10 Sek. | Stufe 4** unterheben. Die Creme in einen Spritzbeutel geben und nach Belieben Cupcakes damit verzieren.

Joghurt

08 00 std : min

- 1000 g Milch
- 120 g Joghurt

Milch im etwa **3 Min. | 37 °C | Stufe 2** erhitzen, den Joghurt zugeben und das Joghurtprogramm des Thermomix® einstellen. Nach etwa 8 Stunden ist der Joghurt fertig und kann in Gläser umgefüllt werden. Mit dem TM31 die Milch auf 40 °C erhitzen, **20 Sek. | Stufe 3** mit dem Joghurt vermischen und für einige Std. an einem warmen Ort ruhen lassen.

Süße Topfenfüllung

00 05
std : min

120 g Milch	2 Beutel Instant-Gelatine
200 g Zucker	500 g Topfen
10 g selbst gemachter Vanillezucker (siehe Seite 20)	250 g Sahne
	5 g Zitronensaft
	150 g Joghurt

Sahne mit Rühraufsatz unter Sichtkontakt **Stufe 3** steif schlagen, umfüllen. Rühraufsatz entfernen. Milch, Quark, Zucker, Zitrone, Joghurt in den geben, **1 Min.** | **Stufe 3** verrühren. Gelatine durch die Deckelöffnung langsam zufügen. Rühraufsatz einsetzen und die geschlagene Sahne dazugeben, **10 Sek.** | **Stufe 3** unterrühren.

BASIS-ZUBEREITUNG

Vegane „Milch"

05 00
std : min

200 g Cashew- oder Mandelkerne
1000 g kaltes Wasser zzgl. etwas mehr zum Einweichen
1 TL Honig (optional)

Eine große Schüssel auf den Deckel des stellen und die Kerne darin abwiegen. Die Schüssel mit kaltem Wasser füllen, bis die Kerne komplett bedeckt sind. 4–5 Std. einweichen lassen.

Kerne abspülen. Dafür in den Garkorb gießen und etwas kaltes Wasser darüberlaufen lassen. Die Kerne dann in den geben und das Wasser einwiegen. Evtl. Honig zufügen und alles **1 Min.** | **Stufe 10** mixen.

Ein Passiertuch oder einen Nussmilchbeutel in den Garkorb legen. Die Mischung über das Tuch bzw. in den Beutel gießen und die Milchalternative in einer Schüssel auffangen. Die Kernreste entsorgen.

	Menge	Form	Zeit + Stufe	z. B. für
Milch				
Erwärmen	200 g		**3 Min.** | **80 °C** | **Stufe 2**	heiße Schokolade
Schäumen	200 g H-Milch (1,5 % Fett) + 1–2 Eiswürfel	Der muss absolut fettfrei sein!	Eiswürfel **10 Sek.** | **Stufe 10** zerkleinern, dann Milch dazugeben, **4 Min.** | **Stufe 3,5** aufschäumen und danach den Schaum **3 Min.** | **90 °C** | **Stufe 2** erwärmen	Latte macchiato
Sahne				
Schlagen	200 g		**Stufe 3** ohne Zeiteinstellung unter Sichtkontakt	Tortenfüllung, Deko, Kuchenbeigabe
Butter				
Schlagen	200 g	weich und in Stücken	**2 Min.** | **Stufe 3**	luftigeren Teig
Zerlassen	70 g	in Stücken	**1 Min. 30 Sek.** | **80 °C** | **Stufe 1**	weicheren Teig
Topfen				
Schlagen	500 g	mit etwas Zucker und 40 g Mineralwasser	**7 Min.** |	eine Nachspeise mit Obstkompott

Früchte

Aus saftigen Früchten und Beeren lassen sich kleine und große Köstlichkeiten zaubern. Hier finden Sie die besten Grundrezepte versammelt sowie die wichtigsten Funktionen des Thermomix® zur Weiterverarbeitung von Obst.

Beerenkonfitüre

00 20 std : min

- 500 g Beeren
- 250 g Gelierzucker 2:1

Beeren in den einwiegen und **8 Sek. | Stufe 4** zerkleinern. Gelierzucker zugeben und alles **15 Min. | 100 °C | Stufe 2** aufkochen lassen. Erneut **8 Sek. | Stufe 4** pürieren. Konfitüre in sterile Gläser füllen, auf den Deckel stellen und vollständig auskühlen lassen.

Haltbarkeit: ungeöffnet mindestens 12 Monate.

Likör

00 25 std : min

- 500 g Früchte nach Belieben, evtl. in Stücken
- 250 g Zucker
- 750 g Alkohol (z. B. Obstwasser, Obstbrand, Rum, Korn oder Wodka)

Die Früchte mit Zucker in den geben und je nach Frucht **10–20 Min. | 100 °C | Stufe 2** ohne Messbecher einkochen. Abkühlen lassen und durch ein Passiertuch filtern. Saft und Alkohol in den geben und **15 Sek. | Stufe 4** vermengen, in Flaschen abfüllen.

Haltbarkeit: kühl gelagert etwa 6 Monate.

Saft

01 00 std : min

- 800 g Wasser
- 1000–2000 g Früchte, in Stücken

Wasser in den geben, Garkorb einhängen. Eine Schale, die genau in den Garkorb passt, in den Garkorb stellen. schließen. Beeren in den Varoma geben, Varoma schließen. Nun die Früchte **45 Min. | Varoma | Stufe 2** entsaften. Dabei etwa alle 15 Min. den Vorgang unterbrechen, um den entstandenen Saft aus der Schale umzufüllen. Je nach Reife der Früchte kann der Prozess länger oder kürzer dauern. Wenn er länger dauert, muss eventuell mehr Wasser in den gegeben werden. Saft abkühlen lassen und genießen oder für Gelee bereitstellen. Alternativ in den geben, **7 Min. | 100 °C | Stufe 2** erhitzen und heiß in sterile Flaschen abfüllen.

Haltbarkeit: ungeöffnet ca. 12 Monate.

Kompott

00 10 std : min

700 g Früchte (z. B. Äpfel, geschält und in Stücken)	1 Prise Zimtpulver
	1 Vanilleschote
40 g Zucker	50 g Fruchtsaft (z. B. Apfel)

Früchte, Zucker, Zimt, Vanilleschote sowie Saft in den Mixtopf geben und alles **10 Min. | 100 °C | Linkslauf | Stufe 1** kochen. Die Vanilleschote herausnehmen. In sterile Gläser füllen und diese auf den Deckel stellen.

Haltbarkeit: ungeöffnet mindestens 3 Monate.

TK-Frucht-Sorbet

00 05 std : min

60 g Zucker	100 g Sahne
300 g gefrorene Früchte	

Zucker in den Mixtopf geben und **10 Sek. | Stufe 10** pulverisieren. Gefrorene Früchte zufügen, **10 Sek. | Stufe 8** zerkleinern. Mit dem Spatel nach unten schieben. Rühraufsatz einsetzen, Sahne zufügen und **30 Sek. | Stufe 4** zu Sorbet verarbeiten und sofort servieren.

Saftgelee

00 20 std : min

750 g Fruchtsaft

500 g Gelierzucker 2 : 1

Saft mit Gelierzucker in den Mixtopf geben, den Garkorb als Spritzschutz aufsetzen und **15 Min. | 100 °C | Stufe 1,5** köcheln lassen. Sollte die Flüssigkeit zu schäumen beginnen, auf 90 °C herunterschalten. Das fertige Gelee in sterile Gläser füllen, diese fest verschließen und für 5 Min. auf den Deckel stellen.

Haltbarkeit: ungeöffnet 12 Monate.

Basis-Funktionen	Menge	Form	Zeit + Stufe	z. B. für
Auftauen	100 g Früchte + Wasser	gefroren, in einem Gefrierbeutel im Garkorb, Wasser im Mixtopf	**10 Min. | Sanftrührstufe**	Konfitüre, Smoothies, Fruchtsoßen
Entsteinen	max. 1600 g Kirschen + 10 g Zitronensaft	frisch, nach dem Zerkleinern Mus durch ein grobes Sieb streichen	**3 Min. | Stufe 3**	Konfitüre, Kompott
Pürieren	200 g Früchte	gefroren oder frisch	**10 Sek. | Stufe 8**	Smoothies, Fruchtsoßen
Zerkleinern	200 g Früchte	frisch	**Stufe 1–5 | ohne Zeiteinstellung,** auf Sicht	Füllungen

Nüsse & Co.

Ob grob gehackt oder fein gemahlen: Nüsse und Kerne verleihen jedem Gebäck ein tolles Aroma und einen feinen Biss.

Basis-Funktion	g	Form	Zeit + Stufe	z. B. für
Grob hacken	200	ganze Nusskerne	**3 Sek. | Stufe 5**	Krokant
Fein hacken	200	ganze Nusskerne	**4 Sek. | Stufe 7**	Teige
Mahlen	200	ganze Nusskerne	**10 Sek. | Stufe 10**	Nuss-biskuit
Zu Mus/ Paste verarbeiten	200	ganze Erdnuss-kerne	1. **20 Sek. | Stufe 8** 2. **2 Min. | Stufe 4**	Erdnuss-mus, Aufstrich

Marzipan

00 05 std : min

- 250 g Zucker
- 280 g blanchierte Mandelkerne
- 20 g Rosenwasser

Zucker in den geben, **20 Sek. | Stufe 10** pulverisieren und umfüllen. Mandelkerne im für **20 Sek. | Stufe 8** mahlen. Puderzucker sowie Rosenwasser zugeben und **3 Min. |** zu einer homogenen Masse vermengen. Das Marzipan hält sich etwa 2 Wochen.

Nusskrokant

00 25 std : min

- 400 g Nusskernmischung
- 120 g Butter, in Stücken
- 40 g Sahne
- 150 g Zucker

Den Backofen auf 200 °C Ober-/Unterhitze vorheizen. Nusskernmischung in den geben und **3 Sek. | Stufe 5** zerkleinern. Übrige Zutaten zufügen, **3 Min. | 100 °C | Stufe 2** erwärmen. Mit dem durchrühren und erneut **2 Min. 30 Sek. | 100 °C | Stufe 1 |** verrühren. Die Masse auf ein mit Backpapier ausgelegtes Blech verteilen und 8 Min. backen. Sorgfältig wenden, weitere 7 Min. backen. Dann erneut gründlich wenden und abkühlen lassen. Verbrauchen Sie das Krokant am besten, solange es knusprig ist.

Nussmus

00 05 std : min

- 400 g Haselnusskerne
- 20 g Honig
- 10 g Pflanzenöl
- 1 Prise Salz

Haselnusskerne in den geben, **15 Sek. | Stufe 8** zerkleinern. Mit dem nach unten schieben und den Vorgang wiederholen. Honig, Pflanzenöl sowie Salz zufügen und alles **2 Min. | 40 °C | Stufe 4** cremig rühren. In sterile Gläser gefüllt hält sich das Mus etwa 4 Wochen im Kühlschrank.

Schokolade

Als Glasur, in Stücken, als Streusel oder im cremigen Frosting – Schokolade macht stets eine richtig gute Figur und rundet so manches Backwerk aufs Köstlichste ab!

Schokoladenfrosting

00 05 std : min

- 150 g weiche Butter, in Stücken
- 200 g Staubzucker
- 100 g Schokolade, zerlassen

Rühraufsatz einsetzen und die Butter **3 Min. | Stufe 3** schaumig schlagen. Nach und nach den Puderzucker durch die Deckelöffnung hinzufügen. Schokolade zugeben und etwa **1 Min. | Stufe 3** weiterschlagen, bis alles gut vermischt ist. Torten oder Cupcakes mit dem Frosting verzieren. Die Menge reicht für 6 Cupcakes oder das Ummanteln eines Kuchens (Ø 26 cm).

Glasur

00 06 std : min

- 300 g Schokolade oder Kuvertüre, in Stücken
- 75 g Butter, in Stücken

Schokolade oder Kuvertüre im Mixtopf **5 Sek. | Stufe 8** zerkleinern. Mit der Butter **5 Min. | 55 °C | Stufe 2** schmelzen. Kuchen oder Kekse damit glasieren.

Basis-Funktionen	Menge	Form	Zeit + Stufe	z. B. für
Grob hacken	200 g	gefroren, in Stücken	**4 Sek. | Stufe 6**	Schokostückchen für Keks- oder Kuchenteig
Medium hacken	200 g	gekühlt, in Stücken	**4–5 Sek. | Stufe 7**	Schokostückchen für Keks- oder Kuchenteig
Pulverisieren	200 g	gekühlt, in Stücken	**10 Sek. | Stufe 8**	Trinkschokolade, Deko – als Ersatz für Kakaopulver
Schmelzen	200 g Schokolade + etwas Butter (Mengenverhältnis 4 : 1)	pulverisiert	**4 Min. | 55 °C | Stufe 2**	Glasur
Schmelzen im Spritzbeutel	50 –100 g Kuvertüre + 500 g Wasser im Mixtopf	in Stücken, in einem gut verschlossenen Gefrierbeutel im Garkorb	**12 Min. | Varoma | Stufe 1**	Dekoration von Gebäck

Gewürze & Aromen

Sie bringen die ganze Küche zum Duften und verleihen Gebäcken ihren individuellen Geschmack. Erfahren Sie, wie die beliebtesten Gewürzmischungen im Thermomix® hergestellt werden.

Glühweingewürz

00 05
std : min

- 20 g Anis
- 5 TL Gewürznelken
- 2 TL frisch geriebene Muskatnuss
- 30 g Sternanise
- 30 g Kardamomkapseln
- 65 g Zimstangen
- 20 Pimentkörner

Alle Gewürze in den geben und **45 Sek. | Stufe 10** mahlen. Anschließend in ein Schraubglas füllen.

Haltbarkeit: mehrere Monate.

Lebkuchengewürz

00 05
std : min

- 140 g Zimtstangen
- 1 TL Gewürznelken
- 4 TL abgeriebene Orangenschale
- 2 TL frisch geriebene Muskatnuss
- 24 Pimentkörner
- 10 g Koriandersaat
- 20 g Kardamomsaat
- 5 Sternanise
- 1 TL Muskatblüte

Alle Zutaten in den geben und **30 Sek. | Stufe 10** pulverisieren. Falls Sie das Gewürz feiner mögen, mit dem nach unten schieben und den Vorgang wiederholen. In ein Schraubglas füllen.

Haltbarkeit: mehrere Monate.

BASIS-ZUBEREITUNG

Basis-Funktionen	Menge	Form	Zeit + Stufe	z. B. für
Pulverisieren	100 g	Zimtstangen	**30 Sek. | Stufe 10**	Zimtpulver
Raspeln	200 g	Kokosnuss, in Stücken	**8 Sek. | Stufe 8**	Kokosraspel

Mohnfüllung

00 10 std : min

- 120 g Mohn
- 250 g Milch
- 25 g Zucker
- 20 g selbst gemachter Vanillezucker (siehe Seite 20)
- 20 g Stärke

Mohn in den einwiegen, **10 Sek. | Stufe 8** mahlen. Milch, Zucker, Vanillezucker und Stärke zugeben. Alle Zutaten für **4 Sek. | Stufe 8** vermengen und anschließend **6 Min. | 100 °C | Stufe 3** aufkochen. Umfüllen, abkühlen lassen und die Mohnfüllung je nach Rezept sofort weiterverarbeiten.

Orangeat und Zitronat

01 10 std : min

- 2 unbehandelte Orangen oder Zitronen
- 500 g Wasser
- 250 g Zucker

Orangen oder Zitronen kreuzweise mit einem Messer einritzen und in Vierteln abschälen. Schale mit 250 g Wasser in den geben und **15 Min. | 100 °C | | Stufe 2** kochen. Wasser abgießen. Mit 250 g frischem Wasser auffüllen und den Zucker zufügen. Nun **50 Min. | 100 °C | | Stufe 2** köcheln lassen. Abgießen und die Schale auf einem Kuchengitter über Nacht trocknen lassen. Schale fein würfeln, in Gläser abfüllen und trocken lagern.

Haltbarkeit: im Kühlschrank mehrere Monate.

Spekulatiusgewürz

00 05 std : min

- 1 EL Zimtpulver
- 1 ½ TL Anissamen
- ½ TL frisch gemahlener weißer Pfeffer
- 1 TL Ingwerpulver
- 1 TL Koriandersamen
- 1 TL Kardamomsaat
- ½ TL frisch geriebene Muskatnuss
- 8 Gewürznelken

Gewürze in den geben. Den Garkorb einsetzen, um zu vermeiden, dass die Gewürze beim Zerkleinern herumfliegen. Gewürze **30 Sek. | Stufe 10** mahlen. Fertige Gewürzmischung in ein kleines Glas füllen und an einem trockenen Ort lagern.

Haltbarkeit: mehrere Monate.

Vanillepaste

00 15 std : min

- 8 Vanilleschoten, in Stücken
- 200 g Rohrzucker
- 10 g Glukosesirup
- 100 g Wasser
- 1 Prise Salz

Vanilleschoten mit Rohrzucker in den geben und **1 Min. | Stufe 10** zerkleinern. Mischung mit dem nach unten schieben und noch einmal **30 Sek. | Stufe 10** fein mahlen. Restliche Zutaten hinzufügen und **10 Min. | 100 °C | Stufe 1,5** kochen. Fertige Paste in Fläschchen abfullen.

Haltbarkeit: im Kühlschrank mehrere Monate.

MEHL
thermomix
VORWERK

Grundrezepte

Ob für knusprige Plätzchen, ausgefallene Torten oder große Blechkuchen – hier sind für Sie alle Grundrezepte für die klassischen Backteige vereint. Sie dienen als Basis diverser Leckereien in diesem Backbuch. Der Thermomix® übernimmt bei der Zubereitung die Knet- und Rührarbeiten – so gelingen die Rezepte wie beim Konditor!

Hefeteig

Mit etwas Geduld gelingt der Hefeteig garantiert, denn hier kommt es auf die Ruhezeit an. Anschließend lässt sich der Tausendsassa zu vielen Leckereien weiterverarbeiten!

1 Teig für 12 Stücke | 00 15 std : min | zzgl. 1 Std. Ruhezeit

Zubereitung

1. Milch, Hefe sowie 10 g Zucker in den geben und alles **2 Min. | 37 °C | Stufe 2** verrühren.

2. Mehl, Butter, übrigen Zucker, Ei, Vanillezucker, Zitronenschale, Rum sowie das Salz zufügen und alles **3 Min. |** kneten.

3. Den Teig aus dem nehmen und auf einer bemehlten Arbeitsfläche erneut durchkneten. Sollte der Teig an den Händen kleben, noch etwas Mehl einarbeiten.

4. Den Teig in eine Schüssel geben und zugedeckt 1 Std. gehen lassen. Anschließend nach Belieben weiterverarbeiten.

PRO STÜCK:
126 KCAL | 3 G E | 3 G F | 21 G KH

Zutaten

125 g lauwarme Milch
10 g Hefe
50 g Zucker
250 g Mehl Type 405
zzgl. etwas mehr zum Bearbeiten
30 g zerlassene Butter
1 Ei
1 EL selbst gemachter Vanillezucker (siehe Seite 20)
1 Msp. abgeriebene Zitronenschale
1 EL Rum
1 Prise Salz

Geben Sie die Hefe in Stücke gebrochen an die lauwarme Milch.

Tipp: Achten Sie darauf, dass der Hefeteig nicht zu warm wird, denn ab 45 °C stirbt die Hefe ab und der Teig geht nicht mehr auf. Legen Sie also am besten ein paar Handtücher unter die Schüssel, wenn Sie den Teig auf der Heizung gehen lassen möchten.

Heller Biskuit

Ein Biskuit ist die Grundlage vieler Leckereien. Schneiden Sie den Boden ein- bis zweimal waagerecht durch und füllen Sie den Biskuit nach Belieben mit Creme, Früchten oder Schlagsahne.

1 Teig für 12 Stücke

01 05 std : min

Zubereitung

1. Den Backofen auf 160 °C Ober-/Unterhitze oder 150 °C Umluft vorheizen. Den Rühraufsatz in den einsetzen. Die Eier mit Zucker sowie Vanillezucker hineingeben und **10 Min. | 37 °C | Stufe 4** aufschlagen. **10 Min. | Stufe 4** ohne Messbecher weiterschlagen.

2. Den Rühraufsatz entfernen. Mehl, Stärke, Backpulver, abgeriebene Zitronenschale sowie Salz zur Eier-Zucker-Masse in den geben und alles **15 Sek. | Stufe 4** verrühren. Teig in eine gefettete, bemehlte Springform (Ø 26 cm) geben und 40 Min. backen.

PRO STÜCK:
147 KCAL | 4 G E | 2 G F | 27 G KH

Zutaten

- 6 Eier
- 210 g Zucker
- 1 EL selbst gemachter Vanillezucker (siehe Seite 20)
- 150 g Mehl Type 405 zzgl. etwas mehr zum Bestreuen der Form
- 90 g Stärke
- ½ Pck. Backpulver
- 1 Msp. abgeriebene Zitronenschale
- 1 Prise Salz
- etwas Butter zum Fetten der Form

Tipp: Backen Sie den Biskuitteig unbedingt sofort nach dem Mixen, da er sonst seine luftige Konsistenz verliert und in sich zusammenfällt!

Schokoladenbiskuit

Luftig, locker und himmlisch schokoladig! Dieser klassische Boden eignet sich vor allem für leckere Torten – wie zum Beispiel unsere Kirschtorte von Seite 88.

1 **Teig für 12 Stücke**

01 05 **std : min**

Zubereitung

1. Den Backofen auf 160 °C Ober-/Unterhitze oder 150 °C Umluft vorheizen. Den Rühraufsatz in den einsetzen. Eier, Vanillezucker, Zucker hineingeben und **10 Min. | 37 °C | Stufe 4** mit aufgesetztem Messbecher schaumig schlagen. Anschließend **10 Min. | Stufe 4** ohne Messbecher weiterschlagen.

2. Den Rühraufsatz entfernen. Mehl, Stärke, Kakao, Backpulver sowie Salz zur Eiermasse geben und alles **7 Sek. | Stufe 4** verrühren. Den Teig in eine gefettete, bemehlte Springform (Ø 26 cm) geben und im heißen Ofen 45 Min. backen.

PRO STÜCK:
149 KCAL | 4 G E | 3 G F | 251 G KH

Zutaten

- 6 Eier
- 1 EL selbst gemachter Vanillezucker (siehe Seite 20)
- 220 g Zucker
- 140 g Mehl Type 405 zzgl. etwas zum Bestreuen der Form
- 45 g Stärke
- 40 g Kakaopulver
- ½ Pck. Backpulver
- 1 Prise Salz
- etwas Butter zum Fetten der Form

Tipp: Sie können den Biskuit 1–2 Tage im Voraus backen – luftdicht im Kühlschrank aufbewahrt, behält er seine Feuchtigkeit und lässt sich bei der Weiterverarbeitung leichter durchschneiden.

Nussbiskuit

Wie wär's mal mit einem Nussbiskuit? Diese nussige Variante bildet eine tolle Alternative zum herkömmlichen Biskuitboden und sorgt für Abwechslung auf der Kaffeetafel.

1 – **Teig für 12 Stücke**

01 10 – **std : min**

Zubereitung

1. Den Backofen auf 160 °C Ober-/Unterhitze oder 150 °C Umluft vorheizen. Den Rühraufsatz in den einsetzen. Eier, Vanillezucker sowie Zucker hineingeben, **10 Min. | 37 °C | Stufe 4** schaumig schlagen.

2. Anschließend **10 Min. | Stufe 4** ohne Temperatur und ohne Messbecher weiterschlagen.

3. Den Rühraufsatz entfernen. Zitronenschale, Mehl, Stärke, gemahlene Haselnusskerne sowie Salz zur Eier-Zucker-Masse in den geben und alles **7 Sek. | Stufe 4** verrühren.

4. Den Teig in eine gefettete und bemehlte Springform (Ø 26 cm) geben und im heißen Ofen etwa 45 Min. backen.

PRO STÜCK:
159 KCAL | 4 G E | 5 G F | 23 G KH

Zutaten

- 6 Eier
- 10 g selbst gemachter Vanillezucker (siehe Seite 20)
- 220 g Zucker
- 1 TL abgeriebene Zitronenschale
- 130 g Mehl Type 405 zzgl. etwas mehr zum Bestreuen der Form
- 40 g Stärke
- 1 Msp. Backpulver
- 75 g gemahlene Haselnusskerne
- 1 Prise Salz
- etwas Öl zum Fetten der Form

Löffelbiskuits

Durch ihre mürbe Beschaffenheit nehmen die Kekse schnell Flüssigkeit auf und eignen sich dadurch hervorragend für die Zubereitung von Tiramisu!

20 Stück | 00 30 std : min | zzgl. 10 Min. Ruhezeit

Zutaten

- 2 Eiweiß
- 35 g Zucker
- 2 Eigelb
- 35 g Staubzucker zzgl. etwas mehr zum Bestreuen
- 1 EL selbst gemachter Vanillezucker (siehe Seite 20)
- 1 TL abgeriebene Zitronenschale
- 50 g Mehl Type 405
- 30 g Stärke
- 1 Prise Salz

Zubereitung

1. Den Backofen auf 200 °C Ober-/Unterhitze oder auf 180 °C Umluft vorheizen.

2. Den Rühraufsatz in den Mixtopf einsetzen. Die Eiweiße hineingeben und auf **Stufe 4** ohne Messbecher steif schlagen. Den Zucker zufügen und **5 Sek. | Stufe 4** verrühren. Anschließend den Eischnee umfüllen und beiseitestellen.

3. Eigelbe, Staub- und Vanillezucker sowie Zitronenschale in den Mixtopf geben und **10 Min. | 37 °C | Stufe 4** aufschlagen.

4. Mehl, Stärke, Salz sowie Eischnee abwechselnd auf das laufenden Messer in den Mixtopf geben und **4 Sek. | Stufe 4** vermengen. Die Masse evtl. mit dem Spatel nach unten schieben und den Vorgang wiederholen.

5. Die Masse in einen Spritzbeutel füllen und in Form von Löffelbiskuits auf ein mit Backpapier ausgelegtes Blech spritzen. Die Löffelbiskuits mit Staubzucker bestreuen und kurz antrocknen lassen.

6. Anschließend die Löffelbiskuits etwa 8 Min. backen.

PRO STÜCK:
37 KCAL | 1 G E | 1 G F | 8 G KH

Mürbeteig für Tartelettes

Zum Kaffee oder als Dessert – die kleinen Küchlein sind immer ein Hit! Bestreichen Sie die Tartelettes mit Konfitüre und belegen Sie diese mit frischem Obst der Saison – einfacher geht's nicht!

1 Teig für 12 Stücke | 00:10 std : min | zzgl. 1 Std. Ruhezeit

Zubereitung

1. Die Butter in den ◯ geben, **1 Min.** | **Stufe 3** verrühren. Staubzucker, Zitronenschale, Mandelkerne, Vanillezucker, Ei, Mehl, Backpulver sowie Salz zufügen und alles **3 Min.** | ⚘ kneten.

2. Den Teig aus dem ◯ nehmen und auf einer bemehlten Arbeitsfläche noch einmal durchkneten. In Klarsichtfolie wickeln und 1 Std. im Kühlschrank ruhen lassen. Anschließend je nach Rezept weiterverarbeiten.

PRO STÜCK:
276 KCAL | 5 G E | 12 G F | 35 G KH

Zutaten

- 120 g Butter, in Stücken
- 100 g Staubzucker
- 1 Msp. abgeriebene Zitronenschale
- 30 g fein gemahlene Mandelkerne
- 1 EL selbst gemachter Vanillezucker (siehe Seite 20)
- 1 Ei
- 300 g Mehl Type 405 zzgl. etwas mehr zum Bearbeiten
- ½ Pck. Backpulver
- 1 Prise Salz

Lösen Sie den Teig aus dem ◯, indem Sie ihn über Kopf halten und an der Messerschraube drehen!

Tipp: Für ein sicheres Gelingen sollten die Zutaten Zimmertemperatur haben.

Mürbeteig für Strudel

Dieser Mürbeteig eignet sich hervorragend für Strudel aller Art aber auch für Kleingebäck. Mit der Lieblingsfüllung aufgerollt oder zu anderem Gebäck verarbeitet, ist er immer ein Genuss!

1 Teig für 12 Stücke

00 10 std : min

zzgl. 30 Min. Kühlzeit

Zubereitung

1. Die Butter in den geben und **1 Min. | Stufe 3** verrühren. Mehl, Milch, Staubzucker, Eigelbe, Vanillezucker, Zitronenschale sowie Salz zufügen und alles **2 Min. |** mithilfe des gut verrühren.

2. Den Teig aus dem nehmen und auf einer bemehlten Arbeitsfläche mit der Hand noch einmal durchkneten. In Klarsichtfolie einwickeln, 30 Min. im Kühlschrank ruhen lassen und je nach Rezept weiterverarbeiten.

PRO STÜCK:
336 KCAL | 4 G E | 19 G F | 35 G KH

Zutaten

- 200 g weiche Butter, in Stücken
- 300 g Mehl Type 405
zzgl. etwas mehr zum Bearbeiten
- 30 g Milch
- 100 g Staubzucker
- 2 Eigelb
- 15 g selbst gemachter Vanillezucker (siehe Seite 20)
- 1 Msp. abgeriebene Zitronenschale
- 1 Prise Salz

Tipp: Achten Sie darauf, dass die Zutaten vor der Verarbeitung bereits Zimmertemperatur haben, so gelingt der Teig garantiert! Später lässt er sich dann besonders gut zwischen zwei Lagen Backpapier ausrollen.

Mit dem Thermomix® werden die Zutaten ruck, zuck zu einem Teig.

Ziehteig

Seinen Namen verdankt dieser Teig nicht etwa der Tatsache, dass man ihn ewig ziehen lassen muss, sondern weil er je nach Rezept so lange auseinandergezogen wird, bis er hauchdünn ist.

1 Teig für 12 Stücke | 00 10 std : min | zzgl. 30 Min. Ruhezeit

Zubereitung

1. Mehl, lauwarmes Wasser, Öl, Salz sowie Weißweinessig in den [Mixtopf] geben und **3 Min.** | [Teigknetstufe] kneten.

2. Den Teig herausnehmen und eventuell noch einmal per Hand auf der leicht bemehlten Arbeitsfläche durchkneten.

3. Mit Öl bestreichen und zugedeckt etwa 30 Min. an einem warmen Ort gehen lassen. Dann nach Rezept weiterverarbeiten.

PRO STÜCK:
66 KCAL | 2 G E | 1 G F | 12 G KH

Zutaten

190 g Mehl Type 405
zzgl. etwas mehr zum Bearbeiten
100 g lauwarmes Wasser
1 TL Öl zzgl. etwas mehr zum Bestreichen
1 Prise Salz
½ TL Weißweinessig

Tipp: Der Ziehteig eignet sich besonders gut für den Wiener Apfelstrudel. Für die Füllung 1 kg Äpfel schälen, in kleine Stücke schneiden und mit etwas Vanillezucker, Zitronensaft, Zimt, 50 g Rosinen und 100 g gehackten Mandelkernen vermengen. Dann den Teig dünn zu einem Rechteck ausziehen und mit Butter bestreichen. Mit Semmelbröseln bestreuen, die Füllung daraufgeben und den Strudel vorsichtig zusammenrollen. Am besten falten Sie die Teigränder vorher nach innen. Anschließend den Strudel mit flüssiger Butter bestreichen und bei 200 °C Ober-/Unterhitze etwa 30 Min. backen. Zum Schluss nur noch mit Staubzucker bestreuen und servieren!

Kneten Sie den Teig nicht zu lange, da er sonst zu fest wird und reißt.

Brandteig

Dieser luftige und zugleich krosse Teig bildet die Basis für viele köstliche Gebäcke: Zaubern Sie süße und herzhafte Windbeutel, Eclairs oder knusprige Waffeln. Und das in nur zehn Minuten!

1 Teig für 10 Stücke

00 10 std : min

Zubereitung

1. Die Butter mit Wasser sowie Milch und Salz in den Mixtopf geben und **4 Min. | 100 °C | Stufe 1** erhitzen.

2. Mehl sowie Zitronenschale zufügen, **30 Sek. | Stufe 4** und dann **1 Min. | Stufe 3** verrühren.

3. Den Teig etwas abkühlen lassen und die Eier einzeln jeweils **20 Sek. | Stufe 4** unterrühren. Anschließend nach Rezept weiterverarbeiten.

PRO STÜCK:
159 KCAL | 5 G E | 11 G F | 12 G KH

Zutaten

100 g Butter, in Stücken
125 g Wasser
125 g Milch
1 Prise Salz
150 g Mehl Type 405
1 Msp. abgeriebene Zitronenschale
4 Eier

Das Abbrennen ist im Thermomix® durch seine genauen Temperatureinstellungen kein Problem!

Tipp: Der Teig eignet sich hervorragend für die Weiterverarbeitung zu Windbeuteln, Profiterols oder Flockentorte. Während des Backens heißt es aber: Finger weg von der Ofentür! Denn beim Öffnen des Backofens kann es passieren, dass der Teig in sich zusammenfällt.

Plunderteig

Für Croissants, Quarktaschen oder Puddinggebäck muss ein Plunderteig her. Der sogenannte Fettziegel, der in den Hefeteig eingearbeitet wird, sorgt für seine später so blättrige Konsistenz.

1 Teig für 12 Stücke

00 30 std : min

zzgl. 60 Min. Ruhezeit und 1 Std. 55 Min. Kühlzeit

Zubereitung

1. Für den Hefeteig Milch, Zucker, Butter, Hefe, Zitronenschale, Vanillezucker, Ei sowie Salz in den geben und **20 Sek. | Stufe 4** verrühren. 500 g Mehl zufügen und alles **2 Min. |** kneten. Den Teig aus dem nehmen und auf der bemehlten Arbeitsfläche mit der Hand noch einmal durchkneten.

2. Den Teig in eine Schüssel legen und abgedeckt etwa 45 Min. an einem warmen Ort gehen lassen, bis sich sein Volumen verdoppelt hat.

3. Für den Fettziegel Butter oder Margarine mit 40 g Mehl **1 Min. |** zu einem glatten Teig verkneten. Mit den Händen zu einem Rechteck formen (Ziegel) und 15 Min. im Kühlschrank ruhen lassen.

4. Den Hefeteig so zu einem Rechteck ausrollen, dass er doppelt so groß ist wie der Fettziegel.

5. Fettziegel in die Mitte des Rechtecks legen, die Teigecken wie einen Briefumschlag über den Fettziegel falten und gut andrücken. Mit dem Nudelholz erneut zu einem Rechteck ausrollen.

6. Ein Drittel des Teigrechtecks über die Mitte des Teigs klappen und mit dem 3. Drittel überlappen, gut andrücken. In Folie wickeln und 20 Min. in den Kühlschrank legen.

7. Teig ausrollen, das rechte und linke Viertel des Teigrechtecks in die Mitte legen, dann die Hälfte des Teigs mit der anderen überlappen und gut andrücken. Erneut in Folie wickeln und 20 Min. in den Kühlschrank legen. Diesen Vorgang noch dreimal wiederholen.

8. Den Teig 15 Min. ruhen lassen und nach Rezept weiterverarbeiten.

PRO STÜCK:
446 KCAL | 7 G E | 26 G F | 46 G KH

Zutaten

250 g Milch
120 g Zucker
90 g zerlassene Butter
30 g Hefe
1 Msp. abgeriebene Zitronenschale
15 g selbst gemachter Vanillezucker (siehe Seite 20)
1 Ei
1 Prise Salz
540 g Mehl Type 405
zzgl. etwas mehr zum Bearbeiten
250 g Butter oder Margarine, in Stücken

Cremes

Diese leckeren Cremes sind Bestandteil vieler unserer Rezepte, denn mit ihrem feinen Geschmack werten sie jedes Gebäck aufs Köstlichste auf!

Tipp: Die Cremes können lauwarm oder kalt zum Füllen von Torten oder Brandteiggebäcken verwendet werden.

Vanillecreme

750 Gramm | 00 10 std : min

Zubereitung

1. Milch, Eigelbe, Zucker, Vanillezucker sowie Mehl in den geben und **7 Min. | 90 °C | Stufe 4** erhitzen.

2. Die Creme in eine Schüssel umfüllen, mit Klarsichtfolie bedecken und abkühlen lassen.

PRO PORTION (100 G):
192 KCAL | 10 G E | 8 G F | 24 G KH

Zutaten

- 500 g Milch
- 5 Eigelb
- 100 g Zucker
- 1 EL selbst gemachter Vanillezucker (siehe Seite 20)
- 50 g Mehl Type 405 oder Stärke

Himbeercreme

850 Gramm | 00 10 std : min

Zubereitung

1. Die Himbeeren **30 Sek. | Stufe 5** pürieren und durch ein Sieb in eine Schüssel passieren. Den ausspülen und trocknen.

2. Milch, Eigelbe, Zucker, Vanillezucker und Mehl in den geben und **7 Min. | 90 °C | Stufe 4** kochen. Mit dem die passierten Himbeeren unter die Creme rühren.

3. Die Creme in eine Schüssel umfüllen, mit Klarsichtfolie bedecken und abkühlen lassen.

PRO PORTION (100 G):
160 KCAL | 5 G E | 6 G F | 21 G KH

Zutaten

- 100 g Himbeeren
- 500 g Milch
- 5 Eigelb
- 100 g Zucker
- 1 EL selbst gemachter Vanillezucker (siehe Seite 20)
- 50 g Mehl Type 405 oder Stärke

Schokocreme

850 Gramm | 00 10 std : min

Zubereitung

1. Milch, Eigelbe, Zucker, Vanillezucker sowie Mehl in den Mixtopf geben und **7 Min.** | **90 °C** | **Stufe 4** erhitzen.

2. Die geschmolzene Schokolade mithilfe des Spatels unter die Creme rühren. Die Creme in eine Schüssel umfüllen, mit Klarsichtfolie bedecken und abkühlen lassen.

PRO PORTION (100 G):
201 KCAL | 6 G E | 8 G F | 27 G KH

Zutaten

- 500 g Milch
- 5 Eigelb
- 100 g Zucker
- 1 EL selbst gemachter Vanillezucker (siehe Seite 20)
- 50 g Mehl Type 405 oder Stärke
- 100 g geschmolzene Bitterschokolade

Obstkuchen

Wir lieben die Kombination aus luftigem Teig und saftigen Früchten, daher mixen wir sie immer gern zu aromatischem Gebäck aller Art. Die samtig-süßen Südtiroler Marillen aus dem Vinschgau machen auf knusprigem Gitterkuchen eine gute Figur, während es sich Birnen und Topfen zusammen auf dem Blech gemütlich machen. Auch Äpfel, Zwetschgen, Waldbeeren und Kirschen dürfen nicht fehlen und zeigen sich hier von ihrer besten Seite!

Birnenkuchen mit Topfenhaube

Hier kommt der Kuchen unter die Haube – und zwar unter eine besonders feine! Die mild-süßen Birnen harmonieren perfekt mit dem Geschmack von Topfen und cremigem Pudding.

12 Stücke

01 25 std : min

Zubereitung

1. Backofen auf 180 °C Ober-/Unterhitze oder 160 °C Umluft vorheizen. Für den Boden die Eiweiße in den sauberen, fettfreien geben und den Rühraufsatz einsetzen. Eiweiße hineingeben, auf **Stufe 4** ohne Messbecher steif schlagen. Umfüllen und beiseitesellen.

2. Den spülen und trocknen. Butter, Zucker, Vanillezucker, Zitronenschale sowie Eigelbe in den geben und alles **1 Min. | Stufe 5** verrühren.

3. Salz, Rum, Mehl, Mandelkerne, Schokolade sowie Zimtpulver zufügen und **1 Min. | Stufe 6** verrühren. Dabei den Eischnee durch die Deckelöffnung auf das laufende Messer geben.

4. Teig in eine gefettete Springform (Ø 26 cm) füllen und die Birnenspalten fächerartig auf dem Teig verteilen. spülen und trocknen.

5. Für die Haube die Eier trennen. Den Rühraufsatz in den sauberen und fettfreien einsetzen. Die Eiweiße hineingeben und **Stufe 4** ohne Messbecher steif schlagen. Eischnee umfüllen, beiseitestellen und den Rühraufsatz entfernen.

6. Topfen, Sahne, Eigelbe, Zucker, Vanillezucker, Vanillepuddingpulver und Milch in den füllen, **1 Min. | Stufe 6** verrühren. Dabei den Eischnee durch die Deckelöffnung auf das laufende Messer geben.

7. Die Topfenfüllung auf den Birnen verteilen und den Kuchen im Backofen 55 Min. backen.

PRO STÜCK:
441 KCAL | 12 G E | 22 G F | 46 G KH

Zutaten für den Kuchen

- 4 Eiweiß
- 130 g Butter, in Stücken
- 150 g Zucker
- 15 g selbst gemachter Vanillezucker (siehe Seite 20)
- 1 Msp. abgeriebene Zitronenschale
- 4 Eigelb
- 1 Prise Salz
- 15 g Rum
- 100 g Mehl Type 405
- 130 g gemahlene Mandelkerne
- 130 g geriebene Bitterschokolade
- 1 Msp. Zimtpulver
- 600 g Birnen, in Spalten, zum Belegen

Für die Topfenhaube

- 2 Eier
- 250 g Topfen
- 100 g Sahne
- 60 g Zucker
- ½ TL selbst gemachter Vanillezucker (siehe Seite 20)
- ½ Pck. Vanillepuddingpulver
- 70 g Milch

Versunkener Kirschkuchen

Für diesen schnellen und einfachen Kuchen werden die saftigen Kirschen im Teig eingebettet und sorgen für fruchtige Erfrischung. Nach Belieben mit Schlagsahne abgerundet ein Genuss!

12 Stücke | 00 45 std : min

Zubereitung

1. Den Backofen auf 190 °C Ober-/Unterhitze oder 170 °C Umluft vorheizen.

2. Zucker, Öl, Vanillezucker, Salz, Zitronenschale, Joghurt und Eier in den geben, **3 Min. | Stufe 4** schaumig schlagen. Das Mehl mit Backpulver zufügen und **4 Sek. | Stufe 4** gut verrühren.

3. Die Masse gleichmäßig in eine mit Backpapier ausgelegte Springform (Ø 26 cm) verstreichen. Mit den Kirschen belegen und im vorgeheizten Backofen etwa 45 Min. backen.

4. Den Kuchen aus dem Backofen nehmen, auskühlen lassen und mit Staubzucker bestreuen.

PRO STÜCK:
230 KCAL | 3 G E | 10 G F | 34 G KH

Zutaten

- 250 g Zucker
- 140 g Öl
- 10 g selbst gemachter Vanillezucker (siehe Seite 20)
- 1 Prise Salz
- abgeriebene Schale von ½ Zitrone
- 160 g Joghurt
- 2 Eier
- 250 g Mehl Type 405
- 10 g Backpulver
- 500 g entsteinte Kirschen
- Staubzucker zum Bestreuen

Tipp: Wenn Sie die Kirschen kurz im Gefrierschrank anfrieren lassen, geht das Entsteinen gleich viel leichter von der Hand!

Waldbeerkuchen

Die frischen roten Beeren auf samtiger Creme sehen verführerisch gut aus. So raffiniert der Waldbeerkuchen wirkt, so einfach ist er.

16 Stücke | 00 20 std : min | zzgl. 1 Std. Kühlzeit

Zubereitung

1. Den hellen Biskuit einmal quer durchschneiden, den untersten Boden mit Rum beträufeln und mit der Hälfte der Vanillecreme bestreichen.

2. Die obere Hälfte des Biskuits darauflegen und mit der restlichen Vanillecreme bestreichen.

3. Den Rand einer Springform (Ø 26 cm) um den Kuchen legen und die Waldbeeren auf der Vanillecreme verteilen.

4. Tortengelee mit Orangensaft sowie Zucker nach Packungsanweisung zubereiten und die Früchte damit bestreichen.

5. Den Kuchen etwa 1 Std. in den Kühlschrank stellen, aus der Form lösen und in Stücke schneiden.

PRO STÜCK:
252 KCAL | 7 G E | 6 G F | 40 G KH

Zutaten

- 1 heller Biskuitboden (siehe Seite 36)
- 1 TL Rum
- 1 Portion Vanillecreme (siehe Seite 54)
- 600 g gemischte Waldbeeren
- 1 Pck. Tortengelee
- 200 g Orangensaft
- 20 g Zucker

Tipp: Den hellen Biskuitboden können Sie bereits am Vorabend zubereiten und gut abgedeckt über Nacht lagern. So bleibt er herrlich frisch und Sie zaubern in nur wenigen Minuten diesen tollen Waldbeerkuchen.

Zwetschgenschnitten

Ein Blechkuchen ist genau die richtige Basis für die vielen frisch geernteten Zwetschgen. Servieren Sie den Kuchen am besten noch lauwarm und mit einer Kugel Vanilleeis.

16 Stücke | 00 45 std : min

Zubereitung

1. Den Backofen auf 190 °C Ober-/Unterhitze oder 170 °C Umluft vorheizen. Die Haselnusskerne in den geben, **10 Sek. | Stufe 7** mahlen und umfüllen.

2. Zucker, Öl, Vanillezucker, Salz, Zimtpulver, Naturjoghurt sowie Eier in den geben und **3 Min. | Stufe 4** schaumig schlagen. Mehl, Backpulver und Haselnüsse zufügen, das Ganze **40 Sek. | Stufe 4** gut verrühren.

3. Die Masse auf ein mit Backpapier ausgelegtes Blech streichen und mit den Zwetschgen belegen. Im heißen Backofen etwa 40 Min. backen.

4. Den Kuchen aus dem Backofen nehmen und in 16 Stücke schneiden, mit dem Zimtzucker bestreuen und mit Zitronenmelisse garniert servieren.

PRO STÜCK:
445 KCAL | 7 G E | 24 G F | 53 G KH

Zutaten

- 100 g Haselnusskerne
- 370 g Zucker
- 200 g Öl
- 10 g selbst gemachter Vanillezucker (siehe Seite 20)
- 1 Prise Salz
- 1 Msp. Zimtpulver
- 250 g Joghurt
- 3 Eier
- 375 g Mehl Type 405
- 1 Pck. Backpulver
- 1000 g Zwetschgen, entsteint
- Zimtzucker zum Bestreuen
- Zitronenmelisse zum Garnieren

Im werden Nüsse im Handumdrehen fein gemahlen.

Tipp: Dieses Kuchenrezept kann wunderbar als Basis für anderes Obst verwendet und ganz leicht abgewandelt werden. Die Schnitten schmecken auch sehr gut, wenn Sie die Zwetschgen durch Marillen, Äpfel oder Birnen ersetzen.

Johannisbeerschnitten

Ein dünner Mürbeteigboden, verfeinert mit Marillenmarmelade, und obenauf frisch gepflückte Johannisbeeren – die Zubereitung der Schnitten macht kaum Mühe, und das macht sie so beliebt!

16 Stück | 01 00 std : min | zzgl. 30 Min. Ruhezeit

Zubereitung

1. Den Backofen auf 180 °C Ober-/Unterhitze oder 160 °C Umluft vorheizen. Butter, Mehl, Backpulver, Zucker, Eier, Milch, Vanillezucker, Rum, Zitronenschale sowie Salz in den geben, **3 Min. |** verkneten.

2. Den Teig aus dem nehmen und auf einer bemehlten Arbeitsfläche noch einmal mit den Händen durchkneten. In Klarsichtfolie wickeln und anschließend 30 Min. im Kühlschrank ruhen lassen.

3. Den Teig auf einer bemehlten Arbeitsfläche etwa 2 cm dick ausrollen. Mithilfe des Nudelholzes auf ein mit Backpapier ausgelegtes Blech legen.

4. Den Teig mit Marillenmarmelade bestreichen und mit Johannisbeeren belegen. Im vorgeheizten Backofen etwa 40 Min. backen. In 16 Schnitten teilen und servieren.

PRO STÜCK:
418 KCAL | 7 G E | 15 G F | 67 G KH

Zutaten

- 200 g Butter, in Stücken
- 500 g Mehl Type 405 zzgl. etwas mehr zum Bearbeiten
- 1 Pck. Backpulver
- 130 g Zucker
- 2 Eier
- 45 g Milch
- 15 g selbst gemachter Vanillezucker (siehe Seite 20)
- 15 g Rum
- 1 Msp. abgeriebene Zitronenschale
- 1 Prise Salz
- 400 g Marillenmarmelade
- 400 g Johannisbeeren

Hände und Arbeitsfläche gut bemehlen, so klebt der Teig nicht!

Tipp: Mürbeteig können Sie schon am Vorabend zubereiten und in Folie gewickelt für bis zu 3 Tage im Kühlschrank lagern. So können Sie bei spontanem Besuch den Teig schnell weiterverarbeiten. Im Tiefkühler gelagert hält sich Mürbeteig bis zu 6 Monate. Perfekt, wenn mal etwas übrig bleibt.

Gitterkuchen mit Marillen

Der Kuchen ist durch sein originelles Gitternetz und die orange leuchtenden Marillen ein echter Hingucker! Wer möchte, kann die Marillen auch durch Zwetschgen oder Kirschen ersetzen.

16 Stücke | 01 10 std : min | zzgl. 30 Min. Ruhezeit

Zubereitung

1. Butter, Mehl, Backpulver, Staubzucker, Eier, Vanillezucker, Zitronenschale sowie Salz in den geben, **3 Min.** | verkneten.

2. Teig aus dem nehmen und auf einer bemehlten Arbeitsfläche mit den Händen noch einmal durchkneten. In Klarsichtfolie wickeln und 30 Min. in den Kühlschrank stellen.

3. Ungefähr zwei Drittel des Teigs auf einer bemehlten Arbeitsfläche etwa 2 cm dick ausrollen und auf ein mit Backpapier ausgelegtes Blech legen. Den Teig mit Marillenmarmelade bestreichen und mit den Marillen belegen.

4. Anschließend den Backofen auf 180 °C Ober-/Unterhitze oder 160 °C Umluft vorheizen.

5. Den restlichen Teig ausrollen, in etwa 1 cm dicke Streifen schneiden und als Gitter auf den Kuchen legen. Teiggitter mit Eigelb bestreichen und den Kuchen im Backofen 40 Min. backen.

6. Aus dem Ofen nehmen, abkühlen lassen, mit Staubzucker bestreuen und servieren.

PRO STÜCK:
306 KCAL | 5 G E | 12 G F | 42 G KH

Tipp: Sollte der Teig zu fest bzw. zäh sein, können Sie im ersten Schritt noch etwas Milch hinzufügen und **1 Min.** | unterkneten.

Zutaten

- 200 g Butter, in Stücken
- 500 g Mehl Type 405 zzgl. etwas mehr zum Bearbeiten
- ½ Pck. Backpulver
- 200 g Staubzucker
- 3 Eier
- 1 EL selbst gemachter Vanillezucker (siehe Seite 20)
- 1 Msp. abgeriebene Zitronenschale
- 1 Prise Salz
- 2 EL Marillenmarmelade zum Bestreichen
- 400 g Marillen, entsteint
- 1 Eigelb zum Bestreichen
- 1 EL Staubzucker zum Bestreuen

Der Teig wird in Folie gewickelt, damit er nicht austrocknet.

Zimtkuchen mit Äpfeln

Äpfel und Zimt sind das absolutes Traumpaar. In zarter Teighülle, abgeschmeckt mit Zimtzucker, fühlt sich das Kernobst am wohlsten und lässt Genießerherzen höherschlagen.

12 Stücke

01 00 std : min

Zubereitung

1. Den Backofen auf 180 °C Ober-/ Unterhitze oder 160 °C Umluft vorheizen. Die Äpfel mit 1 TL Zimtpulver in den geben, **5 Sek. | Stufe 4,5** zerkleinern und umfüllen.

2. Rohrzucker, Vanillezucker, Eier, Butter, Mehl, Backpulver sowie 100 g Milch in den geben und **10 Sek. | Stufe 6** verrühren.

3. Zwei Drittel des Teigs in einer mit Backpapier ausgelegten Springform (Ø 26 cm) verstreichen und die Apfelmasse daraufgeben.

4. Den restlichen Teig mit der übrigen Milch im für **5 Sek. | Stufe 3** verrühren und über die Apfelmasse geben.

5. Das übrige Zimtpulver mit dem Zucker vermischen. Zimtzucker sowie einige Butterflocken auf dem Teig verteilen und den Kuchen im Backofen 45 Min. backen.

PRO STÜCK:
378 KCAL | 6 G E | 19 G F | 43 G KH

Zutaten

- 750 g Äpfel, geschält und in Stücken
- 2 TL Zimtpulver
- 125 g Rohrzucker
- 1 TL selbst gemachter Vanillezucker (siehe Seite 20)
- 4 Eier
- 200 g Butter, in Stücken, zzgl. etwas mehr zum Belegen
- 350 g Mehl Type 405
- 1 Pck. Backpulver
- 140 g Milch
- 30 g Zucker

Die Äpfel nur schälen, vierteln und Kerngehäuse entfernen, den Rest übernimmt der Thermomix®.

Tipp: Beim Apfelkuchen kommt es auf die richtige Apfelsorte an. Daher empfehlen wir Ihnen zum Kuchenbacken eine Apfelsorte, die weicher ist und somit im Kuchen leicht zerfällt und Saft abgibt. Besonders gut eignen sich Elstar (süßsäuerlich), Jonagold (saftig-süß) und Boskop (säuerlich).

Erdbeerschnitten

Genießen Sie die Beeren zusammen mit fein-aromatischer Vanillecreme und luftigem Biskuit. Die Basisrezepte für Teig und Creme sind im Thermomix® schnell und einfach zubereitet.

16 Stück

00 55 std : min

zzgl. 1 Std. Kühlzeit

Zubereitung

1. Den Backofen auf 200 °C Ober-/Unterhitze oder 180 °C Umluft vorheizen. Den Biskuitteig auf ein mit Backpapier ausgelegtes Blech streichen. 25 Min. backen und auskühlen lassen.

2. Die Biskuitplatte halbieren und eine Hälfte mit Vanillecreme bestreichen. Die andere Hälfte darauflegen, ebenfalls mit der Vanillecreme bestreichen und mit den Erdbeeren belegen.

3. Das Tortengelee nach Packungsanweisung zubereiten und die Erdbeeren damit überziehen. Mit Minze garnieren. Vor dem Portionieren im Kühlschrank mindestens 1 Std. ruhen lassen.

PRO STÜCK:
426 KCAL | 15 G E | 10 G F | 74 G KH

Zutaten

1 Rezept heller Biskuitteig (siehe Seite 36)

1 Portion Vanillecreme (siehe Seite 54)

400 g Erdbeeren

1 Pck. Tortenguss

Minzblätter zum Garnieren

Tipp: Wenn Sie zur Vanillecreme noch ein wenig abgeriebene Zitronenschale geben, bekommen die Schnitten einen erfrischenden Geschmack!

Mohnkuchen mit Äpfeln

Mohn wird bereits seit dem 13. Jahrhundert in Südtirol angebaut. Es ist also nicht überraschend, dass die Samen noch heute in vielen regionalen Speisen zu finden sind.

12 Stücke

01 10 std : min

Zubereitung

1. Den Backofen auf 175 °C Ober-/Unterhitze vorheizen. Butter, Eier, Zucker, Mehl, Kakaopulver, Backpulver sowie Vanillezucker in den geben und alles **1 Min. 30 Sek. | Stufe 3,5** verrühren. Die Hälfte des Teigs in eine gefettete und bemehlte Springform (Ø 26 cm) geben.

2. Unter die andere Hälfte des Teigs den Mohn mithilfe des kurz unterrühren. Sollte der Teig dadurch sehr fest werden, können Sie etwas Milch oder Orangensaft dazugeben.

3. Den Mohnteig ebenfalls in die Form geben und mit einer Gabel leicht vermengen. Anschließend mit Apfelspalten belegen. Im Ofen etwa 50 Min. backen. Garprobe machen.

4. Nach Ende der Backzeit den Kuchen 10 Min. im heißen Ofen ruhen lassen, dann herausnehmen und komplett auskühlen lassen. Anschließend mit Staubzucker bestäuben.

PRO STÜCK:
451 KCAL | 8 G E | 27 G F | 42 G KH

Zutaten

- 190 g weiche Butter, in Stücken
- 4 Eier
- 140 g Zucker
- 200 g Mehl Type 405
- 2 EL Kakaopulver
- 2 TL Backpulver
- 20 g selbst gemachter Vanillezucker (siehe Seite 20)
- 120 g gemahlener Mohn
- etwas Milch oder Orangensaft
- 6 Äpfel, geschält und in Spalten geschnitten
- Staubzucker zum Bestreuen

Der Thermomix® mahlt auch die Mohnsamen noch feiner.

Torten

Das Anschneiden der selbst gebackenen Torte ist wohl der Höhepunkt an der Kaffeetafel. Lassen Sie sich inspirieren von traditionellen Südtiroler Köstlichkeiten, die zu jeder Jahreszeit für Freude sorgen. Ob für einen genüsslichen Sonntagnachmittag mit einer cremigen Tiramisu-Torte oder mit dem absoluten Klassiker: der Wiener Sachertorte!

Nugatmousse-Torte

Nugat und Nuss – ein Gewinnerteam mit Suchtpotenzial! Die Torte ist optisch ein Highlight und überzeugt auch beim Geschmackstest mit Bravour!

12 Stücke | 00:30 std : min | zzgl. 5 Std. Kühlzeit

Zutaten

- 1080 g Sahne
- 325 g schnittfester Nugat, in Stücken
- 350 g Zartbitterschokolade, in Stücken
- 1 Nussbiskuitboden (siehe Seite 40)
- 40 g Rum
- 60 g Bitterschokolade, in Stücken
- 30 g Vollmilchschokolade
- 15 g Butter
- 12 Haselnusskerne zum Garnieren

Zubereitung

1. Für die Nugatmousse 750 g Sahne in den Mixtopf geben und **8 Min. | 90 °C | Stufe 2** erwärmen. 280 g Nugat und die Zartbitterschokolade zufügen. Etwa 2 Min. warten und dann langsam für **30 Sek. | Stufe 3–8** hochschalten.

2. Die Nugat-Sahne-Masse umfüllen, mit Folie bedecken und mind. 3 Std. in den Kühlschrank stellen. Den Mixtopf säubern und trocknen.

3. Die kalte Nugat-Sahne-Masse in den Mixtopf geben und auf **Stufe 10** schlagen, bis das Messer leerläuft. Ca. 2 EL der Nugatmousse zum Verzieren beiseitestellen.

4. Den Nussbiskuitboden zweimal waagerecht durchschneiden und die Böden jeweils mit Rum tränken.

5. Den unteren Boden in eine Springform (Ø 26 cm) setzen, mit der Nugatmousse bestreichen und mit dem zweiten Boden belegen. Diesen ebenfalls mit Mousse bestreichen. Den dritten Boden aufsetzen.

6. Für die Glasur die Bitter- und die Vollmilchschokolade sowie den übrigen Nugat in den Mixtopf geben, **10 Sek. | Stufe 8** zerkleinern. 50 g Sahne mit Butter zufügen und **3 Min. | 50 °C | Stufe 2** erwärmen.

7. Die Torte mit der Nugatglasur überziehen und im Kühlschrank mind. 2 Std. fest werden lassen. Mit der restlichen Nugatmousse 12 Rosetten auf die Torte spritzen und je mit einem Haselnusskern garnieren.

PRO STÜCK:
784 KCAL | 13 G E | 51 G F | 63 G KH

Tipp: Für eine alkoholfreie Variante können Sie den Rum durch Apfel- oder Orangensaft ersetzen.

Der Thermomix® lässt die Schokolade ohne Anbrennen schmelzen.

Sachertorte

Mit nur 16 Jahren entwickelte Franz Sacher 1832 das Grundrezept für den Wiener Klassiker. Seit jeher gilt sie als Spezialität der Konditorenkunst und erfreut sich international großer Beliebtheit.

12 Stücke

01:20 std : min

zzgl. 2 Std. Kühlzeit

Zutaten

- 8 Eiweiß
- 400 g dunkle Schokolade, in Stücken
- 200 g weiche Butter, in Stücken, zzgl. etwas mehr zum Fetten der Form
- 8 Eigelb
- 200 g Zucker
- 15 g selbst gemachter Vanillezucker (siehe Seite 20)
- 200 g Mehl Type 405
- 125 g Milch
- 1 TL Backpulver
- 3 TL Kakaopulver
- 45 g Orangenlikör
- 100 g Marillenmarmelade
- 100 g Sahne

Zubereitung

1. Den Backofen auf 175 °C Ober-/Unterhitze oder 170 °C Umluft vorheizen.

2. Für den Boden die Eiweiße in den geben, den Rühraufsatz einlegen und auf **Stufe 4** unter Sichtkontakt steif schlagen. Eischnee umfüllen und beiseitestellen. Den spülen und trocknen.

3. 200 g Schokolade in den geben und **10 Sek. | Stufe 10** zerkleinern. Die Butter zufügen und **2 Min. | 50 °C | Stufe 2** schmelzen.

4. Jedes Eigelb einzeln hinzufügen und jeweils etwa **10 Sek. | Stufe 4** unterrühren. Den Zucker mit dem Vanillezucker dazugeben und **2 Min. | Stufe 4** verrühren.

5. Den Rühraufsatz einsetzen. Mehl, Milch, Backpulver und Kakao in den geben, alles **20 Sek. | Stufe 4** gut vermengen. Für weitere **30 Sek. | Stufe 4** einstellen und den Eischnee durch die Deckelöffnung geben und unterheben.

6. Den Teig in eine gefettete Springform (Ø 26 cm) füllen und 40 Min. backen.

7. Den Boden mind. 1 Std. auskühlen lassen und zweimal waagerecht durchschneiden. Den unteren Boden auf eine Tortenplatte legen, mit der Hälfte des Orangenlikörs tränken und anschließend mit der Marillenmarmelade bestreichen. Zweiten Boden auflegen und den Vorgang wiederholen. Mit dem dritten Tortenboden bedecken.

8. Für die Glasur die übrige Schokolade in den geben und **10 Sek. | Stufe 8** zerkleinern. Die Sahne zufügen und **3 Min. | 50 °C | Stufe 2** erwärmen.

9. Die Torte rundherum mit der Glasur bestreichen und im Kühlschrank 1 Std. fest werden lassen.

PRO STÜCK:
564 KCAL | 10 G E | 32 G F | 55 G KH

Tipp: Damit sich die Schokolade besser zerkleinern lässt, empfiehlt es sich, sie vorher in Stücken für ca. 2–3 Std. in den Kühlschrank zu legen.

Kastanientorte

Kastanien oder Keschtn, wie man in Südtirol sagt, gehören dort zur Herbstzeit einfach dazu. Ob geröstet oder weiterverarbeitet zu dieser herrlichen Torte – sie sind in jeder Form unwiderstehlich!

12 Stücke | 00 50 std : min

Zubereitung

1. Den Biskuitboden waagerecht halbieren. Kastanien, Zucker, Wasser, Vanillezucker sowie Zimtpulver in den geben und **10 Min. | 100 °C | Stufe 1,5** kochen. Rum und Kirschlikör hinzufügen und alles **1 Min. | Stufe 5** pürieren.

2. Die Masse ein wenig auskühlen lassen, dann ein Drittel davon auf den unteren Biskuit geben. Zweite Biskuithälfte aufsetzen, ein Drittel der Creme darauf verstreichen. Aus der restlichen Kastanienmasse kleine Kugeln formen, diese in die flüssige Kuvertüre tauchen, aushärten lassen.

3. Den spülen und den Rühraufsatz einsetzen. Die Sahne in den füllen und auf Sicht **Stufe 3** unter Sichtkontakt steif schlagen. Den Kuchen mit der Schlagsahne rundum bestreichen. Anschließend mit einer Spritztülle 12 Rosetten aufspritzen. Je eine Kastanienkugel auf eine Rosette setzen und den unteren Tortenrand mit etwas Haselnusskrokant garnieren.

PRO STÜCK:
340 KCAL | 6 G E | 15 G F | 42 G KH

Zutaten

- 1 Schokoladenbiskuitboden (siehe Seite 38)
- 400 g geschälte und gekochte Kastanien
- 120 g brauner Zucker
- 200 g Wasser
- 2 TL selbst gemachter Vanillezucker (siehe Seite 20)
- 1 TL Zimtpulver
- 5 EL Rum
- 1 EL Kirschlikör
- 100 g flüssige Kuvertüre
- 500 g Sahne
- etwas Haselnusskrokant zum Garnieren

Tipp: Gekochte und geschälte Kastanien bekommt man im gut sortierten Supermarkt. Ansonsten können Sie auch 500 g Wasser in den geben, frische Esskastanien kreuzweise anritzen und in den Garkorb legen. Anschließend **20–25 Min. | 100 °C | Stufe 1** kochen. Herausnehmen und die Kastanien vorsichtig von der Schale befreien.

Tiramisu-Torte

Wir servieren das italienische Dessert heute mal als himmlische Torte und überraschen mit cremigen Schichten aus Mascarpone, Biskuit, Amaretto und kräftigem Espresso – eben alles, was ein Tiramisu so unwiderstehlich macht!

12 Stücke | 00:30 std : min | zzgl. 3 Std. Kühlzeit

Zubereitung

1. Für die Mascarponecreme die Gelatine in reichlich kaltem Wasser mindestens 10 Min. einweichen.

2. Die Sahne in den sauberen und fettfreien Mixtopf geben. Den Rühraufsatz einsetzen und die Sahne auf **Stufe 4** ohne Messbecher steif schlagen, dabei Sichtkontakt halten.

3. Mascarpone, Topfen, 100 g Zucker sowie Vanillezucker zufügen und **1 Min. | Stufe 3** verrühren. Die aufgelöste Gelatine dazugeben und **10 Sek. | Stufe 4** verrühren.

4. Den Espresso mit dem Amaretto mischen und den unteren Boden damit tränken. Anschließend mit der Hälfte der Mascarponecreme bestreichen und den oberen Boden darauflegen.

5. Mit der Espresso-Amaretto-Mischung beträufeln und mit der restlichen Mascarponecreme bestreichen. Dabei auch die Tortenränder gut mit Creme bedecken.

6. Alles mit Kakaopulver bestreuen und im Kühlschrank mind. 2 Std. fest werden lassen.

PRO STÜCK:
323 KCAL | 8 G E | 21 G F | 26 G KH

Zutaten

- 6 Blatt Gelatine
- 200 g kalte Sahne
- 500 g Mascarpone
- 250 g Topfen
- 100 g Zucker
- 15 g selbst gemachter Vanillezucker (siehe Seite 20)
- 100 g starken Espresso
- 75 g Amaretto
- etwas Kakaopulver, zum Bestäuben

Der Rühraufsatz sorgt dafür, dass der Biskuit luftig und locker wird.

Tipp: Wenn Sie den Mixtopf sowie den Rühraufsatz einige Stunden vor dem Schlagen der Sahne in den Kühlschrank legen, gelingt die Schlagsahne besonders gut und wird schön fest.

Schoko-Erdbeer-Torte mit Joghurt

Schokolade und Erdbeeren – das perfekte Duo! Besonders zur Erdbeersaison darf diese Torte nicht fehlen. Außerhalb der Saison schmecken auch Aprikosen oder Mandarinen sehr gut!

12 Stücke | 03 30 std : min | zzgl. 2 Std. Kühlzeit

Zubereitung

1. Für die Joghurtmousse die Gelatine in reichlich kaltem Wasser 10 Min. einweichen.

2. 170 g kalte Sahne in den geben, den Rühraufsatz einsetzen und auf **Stufe 4** ohne Messbecher steif schlagen, dabei Sichtkontakt halten. Umfüllen und anschließend beiseitestellen.

3. Die restliche Sahne in den geben und **1 Min. | 60 °C | Stufe 1** erhitzen. Gelatine gut ausdrücken, zufügen und **20 Sek. | 60 °C | Stufe 2** verrühren, bis sie sich vollständig aufgelöst hat. Joghurt mit Vanillezucker dazugeben und **5 Sek. | Stufe 4** verrühren.

4. Geschlagene Sahne, Erdbeeren und Zitronensaft vorsichtig unter die Joghurtmasse heben.

5. Den Schokobiskuit zweimal waagerecht durchschneiden, den untersten Boden in eine Springform (Ø 26 cm) legen und mit der Hälfte der Joghurtmousse bestreichen. Im Kühlschrank 1 Std. fest werden lassen.

6. Den zweiten Biskuitboden darauflegen und mit der restlichen Joghurtmousse bestreichen. Ebenfalls im Kühlschrank fest werden lassen. Den dritten Biskuitboden auf die Joghurtmousse legen.

7. Für die Glasur die Schokolade in den geben und **10 Sek. | Stufe 8** zerkleinern. Das Öl zufügen und **2 Min. | 50 °C | Stufe 2** schmelzen.

8. Die Torte mit der Schokoglasur bestreichen und mit den frischen Erdbeeren garnieren.

PRO STÜCK:
405 KCAL | 9 G E | 18 G F | 50 G KH

Zutaten

- 3 Blatt weiße Gelatine
- 200 g kalte Sahne
- 200 g Joghurt
- 60 g selbst gemachter Vanillezucker (siehe Seite 20)
- 250 g klein geschnittene Erdbeeren, zzgl. 12 ganze Früchte zum Garnieren
- Saft von 1 Zitrone
- 1 Schokoladenbiskuitboden (siehe Seite 38)
- 200 g dunkle Blockschokolade
- 20 g Öl

Mit dem Tortenbodenheber lassen sich die Böden sicher bewegen.

Kirschtorte

Schokoladenbiskuit, Kirschen und Schlagsahne werden zu einem luftigen Tortentraum kombiniert. Die Kirschtorte ist zu jeder Jahreszeit ein wahres Fest.

12 Stücke | 00 55 std : min | zzgl. 2 Std. Kühlzeit

Zubereitung

1. Den Tortenboden zweimal waagerecht durchschneiden. Den Rühraufsatz in den einsetzen. Sahne, Vanillezucker sowie Sahnesteif hineingeben und auf **Stufe 3,5** bei Sichtkontakt steif schlagen. Die Sahne umfüllen und beiseitestellen.

2. Die Kirschen abgießen, den Saft dabei auffangen. Kirschsaft mit dem Rum vermischen. Den untersten Biskuitboden auf eine Tortenplatte setzen und mit etwas von dem Kirschsaft-Rum-Gemisch tränken. Etwa ein Viertel der geschlagenen Sahne darauf verstreichen und mit den Kirschen belegen.

3. Den zweiten Boden darauflegen und ebenfalls mit etwas Kirschsaft-Rum-Gemisch beträufeln. Wieder mit einem Viertel der geschlagenen Sahne bestreichen.

4. Den dritten Boden auflegen, mit Kirschsaft-Rum-Gemisch beträufeln und mit Sahne bestreichen. Dabei auch die Seitenränder gleichmäßig einstreichen.

5. Die Torte mit Schokoraspeln bestreuen. Die restliche Sahne in einen Spritzbeutel füllen und die Torte mit kleinen Sahnerosetten sowie den dunklen Kirschen garnieren. Anschließend im Kühlschrank mind. 2 Std. durchziehen lassen.

PRO STÜCK:
530 KCAL | 9 G E | 33 G F | 51 G KH

Zutaten

- 1 Schokoladenbiskuitboden (siehe Seite 38)
- 30 g Staubzucker
- 800 g Sahne
- 3 EL selbst gemachter Vanillezucker (siehe Seite 20)
- 3 Pck. Sahnesteif
- 1 Glas Amarenakirschen
- 90 g Rum
- 150 g Schokoraspel
- 12 dunkle Kirschen

Tipp: Sie können auch Kirschwasser zum Beträufeln der Böden verwenden.

Joghurt-Himbeer-Torte

Wie vom Profi: Diese fruchtig-cremige Himbeer-Torte wird jeden Ihrer Gäste begeistern! Mit ihrer rosigen Farbe sorgt sie für einen charmanten Farbtupfer beim Kaffeeklatsch mit Freunden.

12 Stücke | 00:40 std : min | zzgl. 1 Std. Kühlzeit

Zubereitung

1. Die Gelatine in reichlich Wasser einweichen lassen. Währenddessen den Mixtopf spülen.

2. Rühraufsatz einsetzen, dann 300 g Sahne unter Sichtkontakt **Stufe 3** steif schlagen und umfüllen. Den Mixtopf anschließend säubern.

3. Joghurt, Zucker, Zitronensaft sowie 500 g Himbeeren **15 Sek. | Stufe 3** zu einer glatten Masse verrühren. Die ausgedrückte Gelatine zugeben und nochmals **10 Sek. | Stufe 3** unterziehen. Die Sahne **10 Sek. | Linkslauf | Stufe 2** unterheben.

4. Biskuit waagerecht halbieren. Den unteren Boden mit einem Tortenring umschließen. Mit der Hälfte der Creme darauf bestreichen, den zweiten Boden daraufsetzen und mit der restlichen Creme bestreichen. 1 Std. im Kühlschrank kalt stellen. Den Mixtopf spülen.

5. Übrige Sahne in den Mixtopf geben und unter Sichtkontakt auf **Stufe 3** steif schlagen. Die Torte mit zwei Drittel der Sahne ummantel.

6. Danach mit der übrigen Sahne 12 Rosetten auf die Torte spritzen. Diese mit je 1 Himbeere garnieren. Torte nach Belieben mit Krokant und Pistazien garnieren.

PRO STÜCK:
310 KCAL | 4 G E | 21 G F | 23 G KH

Zutaten

- 6 Blatt Gelatine
- 600 g Sahne
- 300 g Joghurt
- 100 g Zucker
- Saft von ½ Zitrone
- 500 g Himbeeren
- zzgl. 12 Stück zum Garnieren
- 1 heller Biskuitboden (siehe Seite 36)
- etwas Haselnusskrokant und Pistazienkerne zum Garnieren

Tipp: Damit Sie perfekten Eischnee bekommen, muss der Mixtopf unbedingt frei von Fettresten sein. So wird das Eiweiß schön fluffig und fest.

Joghurttorte

Sommerlich, frisch und lecker – mit diesem Tortenklassiker liegen Sie einfach immer richtig. Setzen Sie mit frischen Minzblättchen noch ein i-Tüpfelchen für das gewisse Etwas!

12 Stücke | 00:35 std : min | zzgl. 3 Std. Kühlzeit

Zubereitung

1. Die Gelatine ungefähr 10 Min. in reichlich kaltem Wasser einweichen.

2. 30 g Sahne in den geben und **1 Min. | 60 °C | Stufe 1** erhitzen. Die Gelatine gut ausdrücken, zur Sahne in den geben und **5 Sek. | Stufe 2** verrühren, bis die Gelatine sich vollständig aufgelöst hat.

3. Joghurt, Vanillezucker sowie Zitronensaft zufügen und **5 Sek. | Stufe 4** verrühren, in eine Schüssel umfüllen und beiseitestellen. Den spülen und trocknen.

4. Den Rühraufsatz einsetzen und die restliche Sahne in den geben. Auf **Stufe 4** ohne Messbecher steif schlagen, dabei Sichtkontakt halten. Die steif geschlagene Sahne mithilfe des unter die Joghurtmasse rühren.

5. Den hellen Biskuitboden in eine Springform (Ø 26 cm) legen, mit der Hälfte der Joghurtmousse bestreichen und für etwa 1 Std. in den Kühlschrank stellen, bis die Mousse fest ist.

6. Den Schokobiskuitboden auf die Joghurtmousse legen, die Torte rundherum mit der restlichen Joghurtmousse bestreichen und mind. 2 Std. im Kühlschrank fest werden lassen.

7. Die Torte mit Johannisbeeren und Minze verziert servieren.

PRO STÜCK:
384 KCAL | 8 G E | 19 G F | 45 G KH

Zutaten

- 5 Blatt Gelatine
- 450 g kalte Sahne
- 450 g Joghurt
- 60 g selbst gemachter Vanillezucker (siehe Seite 20)
- Saft von 1 Zitrone
- ½ heller Biskuitboden (siehe Seite 36)
- ½ Schokoladenbiskuitboden (siehe Seite 38)
- Johannisbeeren und Minze zum Garnieren

Sahne und Joghurt sind die Basis der luftigen Creme.

Käsesahnetorte mit Pfirsichen

Diese beliebte Torte verzaubert uns mit saftigen Früchten, einem luftig-lockeren Boden und vor allem mit ihrer frischen Topfencreme und einem Spritzer Zitronensaft.

12 Stücke | 00 15 std : min | zzgl. 3 Std. Kühlzeit

Zubereitung

1. Den Rühraufsatz in den Mixtopf einsetzen. Die Sahne in den Mixtopf geben und **30 Sek. | Stufe 4** ohne Messbecher anschlagen. Dann Sahnesteif einrieseln lassen und bei Sichtkontakt steif schlagen. Umfüllen und beiseitestellen. Den Mixtopf spülen und trocknen.

2. Topfen, Zitronensaft sowie Staubzucker in den Mixtopf geben und **1 Min. | Stufe 4** verrühren. Die Sahne zufügen und **30 Sek. | Stufe 4** unterheben.

3. Die Pfirsiche abgießen und abtropfen lassen, dabei den Saft auffangen. Biskuitboden waagerecht durchschneiden und beide Hälften mit einigen Esslöffeln Pfirsichsaft tränken.

4. Ein Drittel der Topfenmasse auf dem unteren Boden verteilen, die Pfirsichhälften darauflegen und die restliche Topfenmasse darauf verstreichen.

5. Die zweite Biskuithälfte drauflegen und die Torte 3 Std. kalt stellen. Mit Staubzucker bestreuen und servieren.

PRO STÜCK:
305 KCAL | 9 G E | 13 G F | 40 G KH

Zutaten

- 500 g Sahne
- 30 g Sahnesteif
- 500 g Topfen
- Saft von 1 Zitrone
- 100 g Staubzucker
- zzgl. etwas mehr zum Garnieren
- 1 Dose eingelegte Pfirsichhälften
- 1 heller Biskuitboden (siehe Seite 36)

Tipp: Lassen Sie die Pfirsiche gut abtropfen, bevor Sie sie auf die Torte legen, damit die Creme durch den Saft nicht an Stand und Festigkeit verliert.

Himbeerschnitten

Ein großes Blech, gefüllt mit erfrischenden Himbeerschnitten, sorgt immer für beste Laune beim gemütlichen Kaffeeplausch mit guten Freunden.

12 Stücke | 00:20 std : min | zzgl. 2 Std. 30 Min. Kühlzeit

Zubereitung

1. Den Mürbeteig in eine mit Backpapier ausgelegte Springform (24 x 24 cm) füllen, gut andrücken und etwa 30 Min. kalt stellen. Im vorgeheizten Ofen bei 180 °C Ober-/ Unterhitze oder 160 °C Umluft für 20 Min. backen. Herausnehmen und abühlen lassen.

2. Für die Creme Mascarpone, Topfen, Zucker sowie Vanillezucker in den geben, **5 Min. | Stufe 5,5** verrühren. Das Gelatinepulver zufügen und nochmals **3 Min. | Stufe 4** vermischen.

3. Auf den Mürbeteigboden dünn Marillenmarmelade streichen und den Biskuitboden darauflegen. Die Himbeercreme darauf verteilen.

4. Die Himbeeren gleichmäßig auf der Creme verteilen und den Tortengelee nach Packungsanleitung darübergeben.

PRO STÜCK:
602 KCAL | 13 G E | 36 G F | 53 G KH

Zutaten

- 1 Mürbeteig (siehe Seite 44)
- 100 g Marillenmarmelade
- 1 heller Biskuitboden (siehe Seite 36)
- 1 Rezept Himbeercreme (siehe Seite 54)
- 400 g Himbeeren
- 1 Pck. Tortengelee

thermomix
VORWERK

Klassiker

Vom Hefezopf bis zur Linzer Torte – wir haben eine Auswahl der süßen Gebäckklassiker für Sie zusammengestellt. Die süßen gebackenen Lieblinge gelingen Ihnen ganz einfach und im Handumdrehen, denn ob Rühren, Pulverisieren oder Cremigschlagen: Die Arbeit übernimmt der Thermomix®!

Eierlikörkuchen

Nicht nur zu Ostern ist der saftige Kuchen ein wahrer Genuss! Wer von dem cremigen Likör nicht genug bekommen kann, gibt davon beim Servieren einfach noch etwas über den Kuchen.

12 Stücke | 01 05 std : min

Zubereitung

1. Den Backofen auf 160 °C Ober-/Unterhitze vorheizen. Öl, Zucker, Vanillezucker, Eier, Salz und Eierlikör in den geben, **3 Min. | Stufe 4** schaumig schlagen. Mehl mit Backpulver zufügen, **5 Sek. | Stufe 4** unterrühren.

2. Die Masse in eine gefettete und mit Mehl ausgestreute Gugelhupfform füllen.

3. Im Backofen 50 Min. backen. Währenddessen den spülen und trocknen.

4. Für die Glasur 200 g Zucker im **10 Sek. | Stufe 10** pulverisieren.

5. Das Eiweiß zufügen und **5 Sek. | Stufe 3** vermischen. Den komplett ausgekühlten Kuchen mit der Glasur bestreichen.

PRO STÜCK:
380 KCAL | 4 G E | 17 G F | 52 G KH

Zutaten

- 180 g Öl zzgl. etwas mehr zum Fetten der Form
- 200 g Zucker
- 20 g selbst gemachter Vanillezucker (siehe Seite 20)
- 4 Eier
- 1 Prise Salz
- 200 g Eierlikör
- 200 g Mehl Type 405 zzgl. etwas mehr zum Ausstreuen der Form
- 8 g Backpulver

Für die Glasur

- 200 g Zucker
- 1 Eiweiß

Tipp: Sie können Eierlikör auch ganz einfach in Ihrem Thermomix® herstellen. Dazu 8 Eigelbe, 200 g Zucker, 250 g Sahne, 250 g Doppelkorn sowie 10 g selbst gemachten Vanillezucker in den geben und **8 Min. | 70 °C | Stufe 4** vermischen. Anschließend in Flaschen umfüllen und abkühlen lassen.
Eine tolle Variante dieses Klassikers ist ein „Baileys"-Gugelhupf – einfach den Eierlikör durch den irischen Sahnelikör ersetzen.

Marmorkuchen mit Herz

Eine Liebeserklärung in Teigform. Nicht nur zum Valentinstag oder an Geburtstagen ist dieser Kuchen die perfekte Art, seinen Lieben eine kleine Freude zu bereiten.

16 Stücke

02:10 std : min

Zubereitung

1. Den Backofen auf 180 °C Ober-/Unterhitze oder 160 °C Umluft vorheizen. Für den dunklen Teig Zucker, Vanillezucker, Salz, Eier, Öl sowie Mineralwasser in den [Mixtopf] geben und **1 Min. | Stufe 5** schaumig schlagen. Mehl, Backpulver, Kakaopulver zufügen und **5 Sek. | Stufe 4** unterrühren.

2. Die Masse in eine gefettete und mit Mehl ausgestreute Kastenform (30 x 11 cm) füllen. Im Backofen 40 Min. backen.

3. Den Kuchen auskühlen lassen, in Scheiben schneiden. Mit einem herzförmigen Ausstecher aus den Scheiben Herzen ausstechen. Die Reste können Sie anderweitig weiterverarbeiten, z. B. zu Cake-Pops.

4. Backofen erneut auf 180 °C Ober-/Unterhitze oder 160 °C Umluft vorheizen. Den hellen Teig auf dieselbe Art wie den dunklen Teig zubereiten.

5. Etwa ein Drittel des hellen Teigs in eine gefettete und mit Mehl ausgestreute Kastenform (30 × 11 cm) füllen. Die ausgestochenen Herzen senkrecht hintereinander in den Teig stellen.

6. Den restlichen hellen Teig darauf verteilen und 40 Min. backen.

7. Den Kuchen aus dem Ofen nehmen, auskühlen lassen und mit Staubzucker bestreuen.

PRO STÜCK:
386 KCAL | 9 G E | 16 G F | 53 G KH

Zutaten für den Schokoladenteig

- 150 g Zucker
- 10 g selbst gemachter Vanillezucker (siehe Seite 20)
- 1 Prise Salz
- 3 Eier
- 60 g Öl zzgl. etwas mehr zum Fetten der Form
- 75 g Mineralwasser
- 150 g Mehl Type 405 zzgl. etwas mehr zum Ausstreuen der Form
- 10 g Backpulver
- 10 g Kakaopulver

Für den hellen Teig

- 200 g Zucker
- 10 g selbst gemachter Vanillezucker (siehe Seite 20)
- 1 Prise Salz
- 4 Eier
- 80 g Öl zzgl. etwas mehr zum Fetten der Form
- 100 g Mineralwasser
- 250 g Mehl Type 405 zzgl. etwas mehr zum Ausstreuen der Form
- 1 Pck. Backpulver
- Staubzucker zum Bestreuen

Tipp: Wenn Sie für farbliche Abwechslung sorgen möchten, können Sie das Kakaopulver auch einfach durch Lebensmittelfarbe ersetzen und so zum Beispiel rote, grüne oder blaue Herzen in Ihren Kuchen setzen.

Käsekuchen

Was wäre ein Backbuch ohne Käsekuchen? Dieser cremige Klassiker überzeugt kleine und große Kuchenliebhaber. Lassen Sie sich von Ihrem Geschmack leiten und fügen Sie ganz nach Belieben Rosinen oder frisches Obst hinzu!

12 Stücke | 01:05 std : min

Zubereitung

1. Den Backofen auf 170 °C Ober-/Unterhitze oder 150 °C Umluft vorheizen.

2. Den Mürbeteig in eine mit Backpapier ausgelegte Springform (Ø 26 cm) geben und flach drücken. Für 5 Min. im heißen Ofen backen.

3. Alle übrigen Zutaten im [Mixtopf-Symbol] für **1 Min. | Stufe 6** mithilfe des [Spatel-Symbol] gut vermischen und auf den Mürbeteig geben. Im Ofen etwa 1 Std. backen.

4. Nach dem Backen den Kuchen im offenen Ofen abkühlen lassen, damit er nicht zusammenfällt.

PRO STÜCK:
287 KCAL | 12 G E | 15 G F | 24 G KH

Zutaten

- 1 Rezept Mürbeteig (siehe Seite 44)
- 1000 g Topfen
- 6 Eier
- 100 g Mehl Type 405
- 250 g Margarine, in Stücken
- 240 g Zucker
- ½ Pck. Backpulver
- 2 EL selbst gemachter Vanillezucker (siehe Seite 20)
- Saft von ½ Zitrone
- 2 EL Rosinen

Der Teig wird besonders glatt, wenn alle Zutaten vor dem Verarbeiten Zimmertemperatur haben.

Tipp: Wer diesen Kuchen mit Obst zubereiten möchte, kann einfach kleine Stücke Pfirsiche oder Kirschen aus dem Glas mit in den Teig geben und diese mit dem [Spatel-Symbol] wenige Sekunden unterheben.

Schokoladenkuchen

Das perfekte Rezept für alle, die Schokolade lieben! Durch das Mineralwasser wird der Teig besonders fluffig und so zum schokoladigen Geschmackserlebnis mit zart schmelzender Glasur.

12 Stücke | 01 15 std : min

Zubereitung

1. Den Backofen auf 175 °C Ober-/Unterhitze vorheizen. Für den Teig die Schokolade **7 Sek. | Stufe 8** zerkleinern. Butter zufügen und **4 Min. | 45 °C | Stufe 1,5** schmelzen lassen.

2. Die Eier mit dem Zucker zur Schokomasse geben und **1 Min. | Stufe 5** aufschlagen. Das Öl mit dem Mineralwasser hinzufügen und **20 Sek. | Stufe 3** verrühren.

3. Zum Schluss Mehl, Backpulver sowie Kakaopulver zugeben und **20 Sek. | Stufe 3** unterrühren. Dabei die Masse evtl. mit dem Spatel nach unten schieben und abschließend noch einmal **20 Sek. | Stufe 5** mixen. Den Teig in eine gefettete Springform (Ø 26 cm) füllen und den Mixtopf reinigen.

4. Den Kuchen ca. 50 Min. auf der mittleren Schiene des heißen Ofens backen, mit einem Holzstäbchen die Garprobe machen.

5. Die Schokolade für den Guss im sauberen Mixtopf **10 Sek. | Stufe 5** zerkleinern und anschließend **4 Min. 30 Sek. | 55 °C | Linkslauf** schmelzen lassen. Den ausgekühlten Kuchen mit der Schokolade überziehen.

PRO STÜCK:
588 KCAL | 9 G E | 34 G F | 58 G KH

Zutaten

- 200 g Zartbitterschokolade, in Stücken
- 60 g Butter, in Stücken
- 4 Eier
- 300 g Zucker
- 200 g Öl
- 200 g Mineralwasser
- 300 g Dinkelmehl
- 1 Pck. Backpulver
- 4 EL Kakaopulver
- 150 g Zartbitterschokolade, in Stücken

Schokolade ist im Mixtopf blitzschnell zerkleinert und geschmolzen.

Tipp: Reichen Sie zu dem Kuchen etwas Schlagsahne, die Sie mit Orangenabrieb verfeinern! Zu Weihnachten passt auch eine Zimtsahne perfekt.

Gugelhupf-Minis

Der Klassiker in Mini-Form! Wer die Küchlein noch etwas raffinierter mag, kann die Gugelhupfe nach dem Auskühlen mit Schokoladen- oder Zitronenglasur überziehen.

12 Stück | 00 40 std : min

Zubereitung

1. Backofen auf 180 °C Ober-/Unterhitze oder 160 °C Umluft vorheizen. Eiweiße mit Salz in den geben und den Rühraufsatz einsetzen. Auf **Stufe 4** ohne Messbecher steif schlagen. Umfüllen und beiseitestellen. Rühraufsatz entfernen.

2. Die Karotten in den geben, auf **Stufe 10** fein zerkleinern. Eigelbe, Honig sowie Zitronenschale zufügen und **10 Sek. | Stufe 5** vermengen.

3. Haselnusskerne, Buchweizenmehl, Backpulver sowie Zimtpulver zufügen und **30 Sek. | Stufe 5** vermischen. Eischnee auf das laufende Messer geben und unterheben.

4. Die Masse in gefettete Mini-Gugelhupfformen füllen und im heißen Backofen etwa 25 Min. backen.

PRO STÜCK:
128 KCAL | 4 G E | 8 G F | 10 G KH

Zutaten

- 3 Eiweiß
- 1 Prise Salz
- 125 g Karotten, in Stücken
- 3 Eigelb
- 100 g Honig
- 1 Msp. abgeriebene Zitronenschale
- 120 g gemahlene Haselnusskerne
- 30 g Buchweizenmehl
- 1 TL Backpulver
- 1 Msp. Zimtpulver
- etwas Butter zum Fetten der Förmchen

Der muss frei von Fett sein, damit der Eischnee sicher gelingt!

Tipp: Schokoladenliebhaber können in Schritt 3 noch 50 g Schokotropfen hinzufügen. Dann den Linkslauf aktivieren, damit die Tropfen ganz bleiben.

Sandkuchen

Ein Stück von diesem zitronigen Kuchenklassiker, dazu eine schöne Tasse heißen Kakao oder Kaffee sowie ein Klecks Sahne – schon sind keine Wünsche mehr offen!

16 Stücke

00 55 std : min

Zubereitung

1. Backofen auf 180 °C Ober-/Unterhitze oder 160 °C Umluft vorheizen. Mehl, Backpulver, Zucker, Vanillezucker und Schokoraspel in den Mixtopf geben, **10 Sek. | Stufe 4** verrühren.

2. Eier, Öl, Mineralwasser, Zitronensaft sowie abgeriebene Zitronenschale zufügen, alles **2 Min. | Stufe 4** zu einem glatten Teig verrühren.

3. Evtl. die Masse mit dem Spatel nach unten schieben und einige Sekunden nochmals auf **Stufe 4** vermischen.

4. In eine gefettete Kastenform (30 × 11 cm) geben und im heißen Ofen 50 Min. backen.

PRO STÜCK:
424 KCAL | 7 G E | 19 G F | 53 G KH

Zutaten

- 300 g Mehl Type 405
- 1 Pck. Backpulver
- 250 g Zucker
- 1 EL selbst gemachter Vanillezucker (siehe Seite 20)
- 50 g Schokoraspel
- 4 Eier
- 150 g Öl zzgl. etwas mehr zum Fetten der Form
- 150 g Mineralwasser
- 15 g Zitronensaft
- abgeriebene Schale von 1 Zitrone

Tipp: Bestäuben Sie den Kuchen nach dem Abkühlen noch mit Staubzucker oder überziehen Sie ihn mal mit einer Zitronenglasur.

Nuss-Karotten-Kuchen

Hier treffen saftige Karottenraspel auf knackige Nüsse! Ein unschlagbares Duo, eingebacken in luftigem Teig. Ob als Kuchen oder Muffin – immer ein Genuss.

12 Stücke

00 30 std : min

Zubereitung

1. Backofen auf 180 °C Ober-/Unterhitze oder 160 °C Umluft vorheizen. Die Karotten im Mixtopf **5 Sek. | Stufe 5** zerkleinern und umfüllen.

2. Haselnüsse oder Mandeln in den Mixtopf geben, **15 Sek. | Stufe 10** mahlen und ebenfalls umfüllen.

3. Butter, Zucker, Vanillezucker sowie Eier im Mixtopf **15 Sek. | Stufe 5** mischen. Mehl mit Backpulver zufügen und das Ganze nochmals **15 Sek. | Stufe 4** verrühren.

4. Danach die gemahlenen Nüsse und die zerkleinerten Karotten zugeben, **5 Sek. | Linkslauf | Stufe 4** unterheben.

5. Den Teig in eine mit Backpapier ausgelegte und gefettete Springform (Ø 26 cm) geben und im Ofen 25 Min. backen.

PRO STÜCK:
231 KCAL | 4 G E | 14 G F | 16 G KH

Zutaten

- 110 g Karotten, in Stücken
- 90 g Haselnuss- oder Mandelkerne
- 125 g weiche Butter, in Stücken
- 90 g Zucker
- 2 EL selbst gemachter Vanillezucker (siehe Seite 20)
- 2 Eier
- 100 g Dinkelmehl
- ½ Pck. Backpulver

Der Thermomix® übernimmt das Zerkleinern der Karotten.

Tipp: Traditionell wird Karottenkuchen mit Zimt verfeinert – besonders in der kühlen Jahreszeit himmlisch lecker. Einfach in Schritt 3 gemeinsam mit dem Vanillezucker etwa 2 TL Zimt hinzugeben.

Linzer Torte

Ein Gebäck mit Geschichte! Das aus dem Kochbuch der Gräfin Sagramosa stammende Rezept gilt als das älteste Tortenrezept der Welt und überzeugt auch heute noch auf ganzer Linie.

12 Stücke

00 55 std : min

Zubereitung

1. Den Backofen auf 180 °C Ober-/Unterhitze oder 160 °C Umluft vorheizen. Butter, Honig, Zucker, Eier, Vanillezucker, Zitronenschale, Zimt, Rum sowie Salz in den geben, alles **10 Sek. | Stufe 5** verrühren.

2. Mehl, Haselnüsse, Kakao und Backpulver zufügen und **10 Sek. | Stufe 5** vermengen, dabei mit dem nach unten schieben. Den Vorgang wiederholen.

3. Zwei Drittel des Teigs in eine gefettete Springform (Ø 26 cm) geben und mit Preiselbeermarmelade bestreichen.

4. Den restlichen Teig in einen Spritzbeutel füllen und als Gitter auf die Marmelade spritzen.

5. Das Teiggitter mit Eigelb bestreichen und den Kuchen 40 Min. im Ofen backen.

PRO STÜCK:
544 KCAL | 10 G E | 38 G F | 42 G KH

Zutaten

- 200 g weiche Butter, in Stücken, zzgl. etwas mehr zum Fetten der Form
- 150 g Honig
- 50 g Zucker
- 3 Eier
- 15 g selbst gemachter Vanillezucker (siehe Seite 20)
- 1 Msp. abgeriebene Zitronenschale
- ½ TL Zimtpulver
- 1 TL Rum
- 1 Prise Salz
- 250 g Dinkelmehl
- 170 g gemahlene Haselnusskerne
- 10 g Kakaopulver
- ½ Pck. Backpulver
- 400 g Marillenmarmelade
- 1 Eigelb

Tipp: Sie können statt der Preiselbeermarmelade auch jede andere beliebige Konfitüre verwenden – erlaubt ist, was schmeckt!

Hefezopf mit Hagelzucker

Bei diesem allseits beliebten Klassiker kommt es auf Geduld an: Denn erst durch die Ruhezeit wird der Hefezopf so wunderbar luftig und lässt sich, ganz ohne zu verkleben, einfach flechten.

1 Zopf à 12 Stücke | 00 50 std : min | zzgl. 2 Std. Ruhezeit

Zubereitung

1. Milch, Butter, Hefe, Zucker sowie Vanillezucker in den [Mixtopf] geben und **3 Min. | 37 °C | Stufe 2** erwärmen.

2. Mehl, Salz, Ei, Zitronenschale, Rosinen sowie Rum zufügen und das Ganze **3 Min. | [Teigstufe]** verkneten.

3. Teig abgedeckt an einem warmen Ort so lange gehen lassen, bis sich sein Volumen verdoppelt hat.

4. Den Teig in 3 gleich lange Stränge teilen und diese zu einem Zopf verflechten. Zugedeckt 1 Std. bei Zimmertemperatur gehen lassen.

5. Ei mit der Milch verquirlen und den Zopf damit bestreichen. Mit Hagelzucker bestreuen und noch einmal für 30 Min. gehen lassen.

6. Den Backofen auf 180 °C Ober-/Unterhitze oder 160 °C Umluft vorheizen und den Zopf für etwa 25 Min. backen. Herausnehmen, abkühlen lassen und in Scheiben geschnitten servieren.

PRO STÜCK:
246 KCAL | 6 G E | 5 G F | 43 G KH

Zutaten

- 240 g Milch zzgl. etwas mehr zum Bestreichen
- 50 g weiche Butter, in Stücken
- 10 g Hefe
- 60 g Zucker
- 10 g selbst gemachter Vanillezucker (siehe Seite 20)
- 500 g Mehl Type 405
- ½ TL Salz
- 1 Ei
- 1 TL abgeriebene Zitronenschale
- 50 g Rosinen
- 20 g Rum
- 1 Ei
- etwas Hagelzucker (oder Mandelblättchen) zum Bestreuen

Tipp: Bei diesem Teig können Sie der Kreativität freien Lauf lassen und kleine Brötchen, Hefebrezeln oder auch Mini-Zöpfe zubereiten.

thermomix
VORWERK
Menu
00:00

Vollkorn-gebäck

Vollkornmehle stecken voller guter Nährstoffe, die Körper und Geist guttun. Die griffigen Mehle verleihen auch Gebäck eine hervorragende Konsistenz und einen kräftigen Geschmack. Ob Kuchen oder Kekse – in jeder Art von Rezept können Vollkornprodukte eingesetzt werden. Besonders gut harmonieren sie mit Zutaten wie Honig, Joghurt, Äpfeln, Karotten und Nüssen – diese Kombinationen finden Sie in den folgenden Rezeptvorschlägen!

Vollkornkuchen

Wer sein herkömmliches Frühstück abwandeln möchte, kann auch mal Kuchen essen! Dieser nussige Vollkornkuchen ist genau das Richtige für einen guten Start in den Tag.

16 Stücke

00 55 std : min

Zubereitung

1. Den Backofen auf 180 °C Ober-/Unterhitze oder 160 °C Umluft vorheizen. Weizenkörner im **40 Sek. | Stufe 10** mahlen und umfüllen. Mandel- sowie Haselnusskerne in den geben, **20 Sek. | Stufe 7** mahlen und ebenfalls umfüllen. säubern.

2. Eier, Honig, Salz und Zitronenschale in den geben, den Rühraufsatz einsetzen und **10 Min. | 37 °C | Stufe 4** mit eingesetztem Messbecher als Spritzschutz aufschlagen. Weitere **10 Min. | Stufe 4** ohne Temperatur aufschlagen.

3. Weizenmehl, gemahlene Nüsse, Stärke, Backpulver sowie Zimtpulver zufügen und mithilfe des **7 Sek. | Stufe 4** verrühren.

4. Teig auf ein mit Backpapier ausgelegtes Blech streichen und etwa 30 Min. backen.

PRO STÜCK:
257 KCAL | 8 G E | 16 G F | 21 G KH

Zutaten

- 50 g Weizenkörner
- 50 g Mandelkerne
- 200 g Haselnusskerne
- 7 Eier
- 200 g Honig
- 1 Prise Salz
- 1 Msp. abgeriebene Zitronenschale
- 50 g Stärke
- ½ Pck. Backpulver
- 1 Msp. Zimtpulver

Tipp: Je nach Belieben können Sie zusätzlich einige Rosinen oder grob gehackte Nüsse unter den Teig mischen.

Vollkorn-Karottenkuchen

So lecker kann Vollkorn sein! Karotten-, Möhren- oder Rüblikuchen – dieses Gebäck ist unter vielen Namen bekannt. Doch egal welcher Name: Geschmacklich überzeugt er jedes Mal.

16 Stücke | 00:55 std : min

Zutaten

- 50 g Mandelkerne
- 200 g Haselnusskerne
- 50 g Buchweizen
- 5 Eiweiß
- 1 Prise Salz
- 250 g Karotten, in Stücken
- 5 Eigelb
- 200 g Honig
- 1 Msp. abgeriebene Zitronenschale
- ½ Pck. Backpulver
- 1 Msp. Zimtpulver
- etwas Butter zum Fetten der Form

Zubereitung

1. Backofen auf 180 °C Ober-/Unterhitze oder 160 °C Umluft vorheizen. Mandel- sowie Haselnusskerne in den Mixtopf geben und **20 Sek. | Stufe 7** mahlen, umfüllen. Buchweizen im Mixtopf **40 Sek. | Stufe 10** mahlen und ebenfalls umfüllen. Den Mixtopf säubern.

2. Eiweiße mit Salz in den Mixtopf geben, den Rühraufsatz einsetzen und unter Sichtkontakt auf **Stufe 4** ohne Messbecher steif schlagen. Umfüllen und beiseitestellen. Anschließend den Mixtopf spülen und trocknen.

3. Die Karotten in den Mixtopf geben und **5 Sek. | Stufe 8** zerkleinern. Eigelbe, Honig sowie Zitronenschale zufügen und **10 Sek. | Stufe 5** vermengen.

4. Mandelkerne, Haselnusskerne, Buchweizenmehl, Backpulver sowie Zimt zugeben und **10 Sek. | Stufe 5** vermischen, eventuell mit dem Spatel etwas nachhelfen. Den Eischnee mithilfe des Spatels unterheben.

5. Die Masse in eine gefettete Kastenform (25 × 11 cm) füllen und etwa 40 Min. backen.

PRO STÜCK:
178 KCAL | 5 G E | 12 G F | 14 G KH

Der Thermomix® zerkleinert auch Karotten zuverlässig und schnell.

Tipp: Dieser Kuchen ist durch das Buchweizenmehl für eine glutenfreie Ernährung gut geeignet. Achten Sie aber darauf, dass auch das verwendete Backpulver glutenfrei ist!

Gesundheitskuchen mit Honig-Joghurt

Der Gesundheitskuchen ist das Geheimrezept aller Großmütter gegen schlechte Laune. Kombiniert mit feinem Honig-Joghurt bringt dieses Rezept jeden Genießer zum Strahlen.

10 Stücke

01 10 std : min

Zubereitung

1. Den Backofen auf 180 °C Ober-/Unterhitze oder 160 °C Umluft vorheizen. Die Eiweiße in den sauberen und fettfreien Mixtopf geben, den Rühraufsatz einsetzen und auf **Stufe 4** ohne Messbecher steif schlagen. Umfüllen und beiseitestellen.

2. Butter, Honig, Vanillezucker, Zitronenschale sowie Rum in den Mixtopf geben und **1 Min. | Stufe 6** verrühren. Die Eigelbe nach und nach auf das laufende Messer geben.

3. Salz, Mehl, Weizenvollkornmehl, Mandelkerne, Backpulver, Milch und Sultaninen zufügen und mithilfe des Spatels **1 Min. | Stufe 4** verrühren.

4. Den Eischnee zugeben und **20 Sek. | Stufe 3** unterheben.

5. Teig in eine gut gefettete Kastenform (30 × 11 cm) füllen und etwa 1 Std. backen.

6. Für den Honig-Joghurt den Joghurt mit dem Honig in den sauberen Mixtopf geben und **15 Sek. | Stufe 3** verrühren. Zusammen mit dem Kuchen servieren.

PRO STÜCK:
549 KCAL | 13 G E | 31 G F | 59 G KH

Durch den festen Eischnee erhält der Kuchen seine feine Konsistenz.

Tipp: Geben Sie zum Honig-Joghurt noch 2 EL Zitronensaft dazu – für das Extra an Vitamin C!

Zutaten

- 6 Eiweiß
- 220 g weiche Butter, in Stücken, zzgl. etwas mehr zum Fetten der Form
- 200 g Honig
- 1 EL selbst gemachter Vanillezucker (siehe Seite 20)
- 1 Msp. abgeriebene Zitronenschale
- 1 EL Rum
- 6 Eigelb
- 1 Prise Salz
- 200 g Dinkelvollkornmehl
- 150 g Weizenvollkornmehl
- 150 g gemahlene Mandelkerne
- 1 Pck. Backpulver
- 100 g Milch
- 200 g Sultaninen
- 300 g Joghurt
- 4 EL Honig

Vollkorn-Apfelkuchen

Verarbeiten Sie Ihre frisch geernteten Äpfel zu diesem saftigen Vollkornkuchen weiter! Dank Honig und Marillenmarmelade erhält er eine leichte Süße, die jeden ins Schwärmen bringt!

12 Stücke

01 10 std : min

Zubereitung

1. Den Backofen auf 180 °C Ober-/Unterhitze oder 160 °C Umluft vorheizen. Eiweiße in den sauberen, fettfreien Mixtopf geben. Rühraufsatz einsetzen und die Eiweiße **Stufe 4** ohne Messbecher steif schlagen, dabei Sichtkontakt halten. Den Eischnee beiseitestellen. Den Mixtopf spülen und trocknen.

2. Butter, Honig, Eigelbe, Vanillezucker sowie Zitronenschale in den Mixtopf geben und alles **1 Min. | Stufe 5** verrühren.

3. Backpulver, Weizenvollkornmehl, Haselnusskerne sowie Salz zufügen und **1 Min. | Stufe 6** verrühren. Den Eischnee durch die Deckelöffnung auf das laufende Messer geben.

4. Teig in eine gefettete Springform (Ø 26 cm) füllen und die Apfelspalten fächerartig darauf verteilen. Den Kuchen 50 Min. backen.

5. Aus dem Backofen nehmen und anschließend mit Marillenmarmelade überglänzen.

PRO STÜCK:
155 KCAL | 3 G E | 8 G F | 17 G KH

Zutaten

- 2 Eiweiß
- 100 g Butter, in Stücken, zzgl. etwas mehr zum Einfetten
- 125 g Honig
- 2 Eigelb
- 1 EL selbst gemachter Vanillezucker (siehe Seite 20)
- 1 Msp. abgeriebene Zitronenschale
- 1 TL Backpulver
- 150 g Weizenvollkornmehl
- 20 g gemahlene Haselnusskerne
- 1 Prise Salz
- 500 g mittelgroße Äpfel, geschält und in Spalten geschnitten
- 2 EL Marillenmarmelade

Die Äpfel können geschält oder ungeschält mitgebacken werden.

Tipp: Weizenvollkornmehl können Sie auch ganz einfach selbst im Thermomix® zubereiten. Dafür maximal 200 g Weizenkörner in den Mixtopf einwiegen und **1 Min. | Stufe 10** mahlen.

Glutenfreier Buchweizenkuchen

Kerniger Buchweizen und feine Haselnüsse vereint zu einem leckeren Kuchen! Besonders fruchtige Konfitüre und Marmelade harmonieren gut mit dem dunklen Teig.

12 Stücke

01 00 std : min

Zubereitung

1. Den Backofen auf 180 °C Ober-/Unterhitze oder 160 °C Umluft vorheizen. Die Buchweizenkörner **13 Sek. | Stufe 10** mahlen und umfüllen. Die Haselnusskerne **10 Sek. | Stufe 7** mahlen und umfüllen. Die Äpfel **3 Sek. | Stufe 5** zerkleinern und ebenfalls umfüllen.

2. Den spülen, trocknen und den Rühraufsatz einsetzen. Die Eiweiße **3 Min. | Stufe 4** steif schlagen, dabei durch die Deckelöffnung langsam 100 g Zucker einrieseln lassen. Die Eischnee-Masse umfüllen.

3. Butter, übrigen Zucker, Eigelbe, Buchweizen, Haselnusskerne, Äpfel, Backpulver sowie Zitronenschale in den geben und alles **2 Min. | Stufe 3,5** verrühren.

4. Zum Schluss den Eischnee mithilfe des unterheben.

5. Teig in eine gefettete Springform (Ø 26 cm) füllen und etwa 40 Min. backen, Stäbchenprobe machen.

6. Den Kuchen nach dem Abkühlen waagerecht halbieren. Den unteren Boden mit Preiselbeermarmelade bestreichen und den Kuchen wieder zusammensetzen. Mit Staubzucker bestreut servieren.

PRO STÜCK:
469 KCAL | 8 G E | 25 G F | 43 G KH

Zutaten

- 200 g Buchweizen
- 200 g Haselnusskerne
- 2 Äpfel, in Stücken
- 6 Eiweiß
- 180 g Zucker
- 200 g Butter, in Stücken, zzgl. etwas mehr zum Fetten der Form
- 6 Eigelb
- 1 Pck. (glutenfreies) Backpulver
- 1 Msp. abgeriebene Zitronenschale
- 250 g Preiselbeermarmelade zum Füllen
- Staubzucker zum Servieren

Haferflockenkekse

Wie wär's denn mal mit diesem knusprigen Gebäck zum Kaffee oder auch nur so für zwischendurch? Die kernigen Kekse passen einfach zu jeder Gelegenheit.

25 Stück | 00:30 std : min | zzgl. 1 Std. Kühlzeit

Zubereitung

1. Den Backofen auf 180 °C Ober-/Unterhitze oder 160 °C Umluft vorheizen. Mehl, Haselnusskerne, Backpulver, Haferflocken, Butter, Zucker, Ei, Rum sowie Salz in den Mixtopf geben und **3 Min.** | Knetstufe verkneten. Ggf. 2 EL Wasser zufügen.

2. Teig aus dem Mixtopf nehmen und auf einer bemehlten Arbeitsfläche per Hand noch einmal gut durchkneten. Es dürfen keine Butterstückchen mehr sichtbar sein.

3. Den Teig in Klarsichtfolie wickeln und etwa 1 Std. im Kühlschrank ruhen lassen.

4. Den gekühlten Teig auf einer bemehlten Arbeitsfläche etwa 5 mm dick ausrollen. Beliebige Formen ausstechen und auf ein mit Backpapier ausgelegtes Blech setzen.

5. Im Backofen 10 Min. backen, auskühlen lassen und servieren.

PRO STÜCK:
49 KCAL | 1 G E | 3 G F | 5 G KH

Zutaten

- 35 g Weizenvollkornmehl zzgl. etwas mehr zum Bearbeiten
- 40 g gemahlene Haselnusskerne
- ½ Pck. Backpulver
- 50 g kernige Haferflocken
- 50 g Butter, in Stücken
- 50 g Zucker
- 1 Ei
- 1 TL Rum
- 1 Prise Salz

Tipp: Für ein besonderes Aroma können Sie die Haferflocken vor dem Backen noch kurz anrösten! Dafür einfach ein Stückchen Butter in eine Pfanne geben und diese erhitzen, Haferflocken zufügen und so lange unter ständigem Rühren rösten, bis sie duften. Aber aufgepasst! Haferflocken verbrennen leicht, deshalb lieber eine niedrigere Temperatur zum Rösten wählen.

thermomix
VORWERK

Muffins und Törtchen

Muffins, Törtchen, Cupcakes, Tartelettes oder Profiterols – in dieser Rubrik ist für jeden Geschmack etwas Süßes dabei. Dank der tatkräftigen Unterstützung durch den Thermomix® sind die Teige und Toppings schnell zubereitet. Kombiniert wird nach Lust und Laune!

Schwarzbeermuffins

Die sehen nicht nur zum Anbeißen gut aus, sie sind es auch! Schwarz- oder Blaubeeren geben dem cremigen Rührteig mit Öl das gewisse Etwas.

20 Stück

00 20 std : min

Zubereitung

1. Backofen auf 200 °C Ober-/ Unterhitze oder 180 °C Umluft vorheizen.

2. Zucker, Vanillezucker, Salz, Ei, Milch, Öl, Mehl, Stärke sowie Backpulver in den Mixtopf geben und **30 Sek. | Stufe 4** verrühren.

3. Schwarzbeeren mit dem Spatel unterheben und die Masse auf 20 Muffinförmchen verteilen.

4. Im Backofen 12 Min. backen.

PRO STÜCK:
109 KCAL | 2 G E | 3 G F | 19 G KH

Zutaten

- 150 g Zucker
- 10 g selbst gemachter Vanillezucker (siehe Seite 20)
- 1 Prise Salz
- 1 Ei
- 200 g Milch
- 50 g Öl
- 220 g Mehl Type 405
- 30 g Stärke
- 10 g Backpulver
- 125 g Schwarzbeeren

Tipp: Sie können auch wunderbar gefrorene Schwarzbeeren verwenden. Die platzen beim Unterheben nicht auf und behalten ihre Form beim Backen.

Apfel-Kürbis-Muffins

Kürbis mal anders – kombiniert mit fruchtigen Äpfeln schmeckt das Herbstgemüse auch in Gebäck einfach köstlich! Die Muffins laden zu einem gemütlichen Nachmittag daheim ein.

12 Stück | 00:35 std : min

Zubereitung

1. Backofen auf 180 °C Ober-/Unterhitze oder 160 °C Umluft vorheizen. Die Mandelkerne **10 Sek. | Stufe 7** mahlen und umfüllen. Die geschälten Äpfel **3 Sek. | Stufe 7** zerkleinern und umfüllen. Den Kürbis **5 Sek. | Stufe 7** zerkleinern und ebenfalls umfüllen. Die Äpfel und den Kürbis mit Zitronensaft beträufeln, damit sie nicht braun werden.

2. Eier, Zucker, Vanillezucker, Salz sowie Butter in den [Mixtopf] geben und **30 Sek. | Stufe 4** schaumig rühren.

3. Mehl, Backpulver, die gemahlenen Mandeln, Milch und Zimtpulver **10 Sek. | Stufe 5** unterrühren. Zum Schluss die Äpfel und den Kürbis **15 Sek. | [Linkslauf] | Stufe 5** unterheben.

4. Den Teig in 12 Muffinförmchen füllen und etwa 20–25 Min. backen.

PRO STÜCK:
188 KCAL | 4 G E | 8 G F | 24 G KH

Zutaten

- 50 g Mandelkerne
- 2 Äpfel, geputzt und geviertelt
- 50 g Kürbis, geschält und in Stücken
- Saft von ½ Zitrone
- 2 Eier
- 80 g Zucker
- 1 TL selbst gemachter Vanillezucker (siehe Seite 20)
- 1 Prise Salz
- 60 g weiche Butter, in Stücken
- 180 g Mehl Type 405
- 1 TL Backpulver
- 80 g Milch
- ½ TL Zimtpulver

Tipp: Verfeinern Sie die Muffins doch zusätzlich mit einem aromatischen Ahornsirup-Frosting. Geben Sie dazu einfach 200 g Puderzucker und 200 g Butter in den [Mixtopf], **3 Min. | Stufe 4** schaumig schlagen. 200 g Frischkäse und 4 EL Ahornsirup zufügen und beides **10 Sek. | Stufe 4** unterheben.

Die Kerne können im Ofen geröstet und als Snack genascht werden.

Orangenmuffins

Diese Muffins duften verführerisch! Backen Sie doch gleich die doppelte Menge – luftdicht verpackt halten sich die Küchlein drei Tage und können so jederzeit vernascht werden.

12 Stück

00 25 std : min

Zubereitung

1. Den Backofen auf 190 °C Ober-/Unterhitze oder 170 °C Umluft vorheizen.

2. Mehl, Backpulver, Natron, Zucker sowie abgeriebene Orangenschale in den ◯ geben und **10 Sek. | Stufe 5** verrühren.

3. Ei, Öl sowie frischen Orangensaft zufügen und alles **20 Sek. | Stufe 5** verrühren.

4. Den Teig in 12 Muffin-Förmchen füllen und für 20 Min. backen.

PRO STÜCK:
216 KCAL | 3 G E | 8 G F | 30 G KH

Zutaten

- 250 g Mehl Type 405
- ½ TL Backpulver
- ½ TL Natron
- 150 g Zucker
- abgeriebene Schale von 1 Orange
- 1 Ei
- 90 g Öl
- 250 g frisch gepresster Orangensaft (aus etwa 3 Orangen)

Frischer Orangensaft verleiht dem Gebäck sein fruchtiges Aroma!

Mascarpone-Erdbeer-Muffins

Ob als süßes Dessert oder als Mitbringsel zum sommerlichen Ausflug mit den Liebsten – diese Muffins sind zur Erdbeersaison genau das Richtige.

18 Stück | 00:30 std : min

Zubereitung

1. Den Backofen auf 200 °C Ober-/Unterhitze oder 180 °C Umluft vorheizen. Die Erdbeeren in den Mixtopf geben, **8 Sek. | Stufe 4** mixen und umfüllen.

2. Die restlichen Zutaten in den Mixtopf geben, **2 Min. | Stufe 4** vermengen.

3. Den Erdbeermix hinzufügen und **30 Sek. | Linkslauf | Stufe 3** mithilfe des Spatels verrühren.

4. Den Teig in Muffinförmchen füllen und im Backofen für 25 Min. backen.

PRO STÜCK:
263 KCAL | 5 G E | 13 G F | 29 G KH

Zutaten

- 300 g Erdbeeren, halbiert
- 120 g weiche Butter, in Stücken
- 3 Eier
- 230 g Zucker
- 15 g selbst gemachter Vanillezucker (siehe Seite 20)
- 250 g Mascarpone
- 350 g Mehl Type 405
- 1 Pck. Backpulver

Erdbeeren vom Grün befreien, halbieren und in den Mixtopf geben.

Himbeer-Schoko-Törtchen

Die gefrorenen Himbeeren verleihen den kleinen Törtchen eine besonders fruchtige Note und sorgen beim Hineinbeißen für eine süß-säuerliche Überraschung!

12 Stück

00 30 std : min

Zubereitung

1. Backofen auf 180 °C Ober-/ Unterhitze oder 160 °C Umluft vorheizen. Butter, Zucker, Vanillezucker und Eier im **30 Sek. | Stufe 3** verrühren.

2. Mehl, Schmand, Backpulver sowie Schokotropfen zugeben und alles **20 Sek. | Stufe 2** vermischen.

3. Den Teig in 12 Muffinförmchen füllen und je 3–4 gefrorene Himbeeren in den Teig drücken. Im vorgeheizten Backofen 20 Min. auf mittlerer Schiene backen, dabei die Stäbchenprobe machen.

4. Nach Ende der Backzeit noch 5 Min. in der Form ruhen lassen und dann servieren.

PRO STÜCK:
235 KCAL | 3 G E | 13 G F | 27 G KH

Zutaten

- 120 g weiche Butter, in Stücken
- 140 g Zucker
- 1 gehäufter EL selbst gemachter Vanillezucker (siehe Seite 20)
- 2 Eier
- 190 g Mehl Type 405
- 100 g Schmand
- ½ Pck. Backpulver
- 30 g Schokotropfen
- 100 g TK-Himbeeren

Topfentörtchen

Die kleinen, frischen Törtchen kommen nach gerade mal 40 Sekunden vom Thermomix® direkt in die Muffinform. Schnell, einfach und dabei unwiderstehlich im Geschmack.

16 Stück

00:35 std : min

Zubereitung

1. Backofen auf 180 °C Ober-/Unterhitze oder 160 °C Umluft vorheizen. Alle Zutaten in den Mixtopf geben und **40 Sek. | Stufe 4** zu einem geschmeidigen Teig verrühren.

2. Den Teig in 16 Muffinförmchen verteilen und die Muffins im Ofen etwa 25 Min backen.

3. Die Muffins nach dem Backen noch etwas im geschlossenen Backofen ruhen lassen. Die Förmchen entfernen und die Muffins servieren.

PRO STÜCK:
126 KCAL | 6 G E | 6 G F | 12 G KH

Zutaten

- 100 g weiche Butter, in Stücken
- 110 g Zucker
- 2 Eier
- 15 g selbst gemachter Vanillezucker (siehe Seite 20)
- Saft und Abrieb von ½ Zitrone
- 500 g Topfen
- 60 g Mehl Type 405
- ½ TL Backpulver

Tipp: Diese Muffins können Sie mit frischem Obst garniert servieren oder einen Klecks Sahne dazu reichen.

Kokosnuss-Cupcakes mit Kokosfrosting

Hier sorgt Kokosnuss gleich in dreierlei Form für intensiven Geschmack! Kokosmilch, -raspel und flocken, vereint in einem unwiderstehlichen Cupcake!

12 Stück | 00 30 std : min

Zubereitung

1. Den Backofen auf 180 °C Ober-/Unterhitze oder 160 °C Umluft vorheizen.

2. Butter, Zucker, Vanillezucker, Salz, Ei sowie Eiweiß in den Mixtopf geben und **3 Min. | Stufe 4** verrühren.

3. Kokosmilch, Mehl, Kokosflocken und Backpulver zufügen, alles **30 Sek. | Stufe 4** gut verrühren.

4. Die Masse auf 12 Muffinförmchen verteilen und im Backofen 20 Min. backen. Auskühlen lassen.

5. Für das Frosting Doppelrahmfrischkäse, Staubzucker sowie Kokosraspel in den sauberen Mixtopf geben und **30 Sek. | Stufe 4** vermischen.

6. Das Frosting in einen Spritzbeutel füllen und auf die ausgekühlten Cupcakes spritzen. Mit Kokosraspeln und nach Wunsch mit bunten Streuseln garnieren.

PRO STÜCK:
345 KCAL | 4 G E | 22 G F | 34 G KH

Zutaten

- 110 g Butter, in Stücken
- 150 g Zucker
- 10 g selbst gemachter Vanillezucker (siehe Seite 20)
- 1 Prise Salz
- 1 Ei
- 1 Eiweiß
- 90 g Kokosmilch
- 130 g Mehl Type 405
- 20 g Kokosflocken
- 1 TL Backpulver
- 200 g Doppelrahmfrischkäse
- 120 g Staubzucker
- 100 g Kokosraspel
- Kokosraspel zum Garnieren
- bunte Streusel nach Wunsch

Frischkäse und Kokos sorgen für Frische und Feuchtigkeit im Teig.

Tipp: Achten Sie darauf, dass die Cupcakes komplett ausgekühlt sind, bevor Sie das Frosting aufspritzen, damit dieses nicht zerläuft.

Schokoladenmuffins mit Kakaofrosting

Dieses Rezept lässt das Herz eines jeden Schokoladenliebhabers höherschlagen. Durch die Buttermilch im Teig werden die Muffins besonders locker und saftig.

12 Stück

00 35 std : min

Zubereitung

1. Backofen auf 180 °C Ober-/Unterhitze oder 160 °C Umluft vorheizen.

2. Die Butter in den geben und **2 Min. | 120 °C [TM31 bitte Varoma] | Stufe 1** schmelzen. Rühraufsatz in den einsetzen. Ei sowie Buttermilch zufügen **40 Sek. | Stufe 4** schaumig schlagen.

3. Zucker, Mehl, Kakao, Backpulver, Salz und Schokotropfen dazugeben, alles **1 Min. | Stufe 1** verrühren.

4. Die Masse auf 12 Muffinförmchen verteilen und im Backofen 20 Min. backen. Auskühlen lassen.

5. Für das Frosting Frischkäse oder Mascarpone, Staubzucker, Kakao sowie Vanillezucker in den geben und alles **1 Min. | Stufe 4** schaumig rühren.

6. Das Frosting in einen Spritzbeutel füllen und auf die ausgekühlten Cupcakes spritzen.

PRO STÜCK:
294 KCAL | 5 G E | 17 G F | 32 G KH

Zutaten

- 55 g Butter, in Stücken
- 1 Ei
- 125 g Buttermilch
- 120 g Zucker
- 110 g Mehl Type 405
- 30 g Kakaopulver
- 1 TL Backpulver
- 1 Prise Salz
- 60 g Schokotropfen
- 250 g Frischkäse (oder Mascarpone)
- 100 g Staubzucker
- 20 g Kakaopulver
- 20 g selbst gemachter Vanillezucker (siehe Seite 20)

Tipp: Die Muffins halten sich etwa 2–3 Tage im Kühlschrank.

Kirschtartelettes

Wenn die Kirschen reif sind, werden diese Tartelettes gebacken. Bestreuen Sie die kleinen Küchlein am besten nach dem Backen mit etwas Staubzucker oder servieren Sie Schlagsahne dazu.

6 Stück | 00 30 std : min

Zutaten

- 2 Eier
- 1 Prise Salz
- 200 g Zucker
- 250 g Dinkelmehl
- 10 g Backpulver
- 10 g Stärke
- etwas Butter zum Einfetten
- 500 g entsteinte Kirschen

Zubereitung

1. Den Backofen auf 180 °C Ober-/Unterhitze oder 160 °C Umluft vorheizen. Die Eier trennen. Eiweiße in den fettfreien geben und den Rühraufsatz einsetzen. Salz zugeben und Eiweiße **3 Min. | Stufe 4** steif schlagen. Umfüllen.

2. Den spülen und trocknen. Eigelbe mit Zucker **4 Min. | Stufe 4** aufschlagen, bis die Masse fast weiß und schaumig ist. Mehl, Backpulver sowie Speisestärke zufügen und **1 Min. | Stufe 3** verrühren.

3. Den Eischnee **20 Sek. | Stufe 3** unterheben, eventuell mit dem nachhelfen.

4. Den Teig in 6 gefettete Förmchen füllen und die abgetropften Kirschen darauf verteilen (sie sollen im Teig versinken).

5. Die Tartelettes ungefähr 15 Min. backen, dann aus dem Ofen nehmen und abkühlen lassen.

PRO STÜCK:
175 KCAL | 5 G E | 2 G F | 35 G KH

Tipp: Achten Sie darauf, dass der gut gereinigt und frei von Fettresten ist. Nur so wird das Eiweiß schön steif und fest.

Für den Teig werden Eiweiß und Eigelb getrennt verarbeitet.

Preiselbeertaschen

Plundergebäck gibt es in unzähligen Kreationen. Dieses Rezept ist eine fruchtige Variante mit knusprigen Mandelsplittern, die jeden sicher ins Schwärmen bringt.

20 Stück | 00:40 std : min | zzgl. 30 Min. Ruhezeit

Zubereitung

1. Den Backofen auf 180 °C Ober-/Unterhitze oder 160 °C Umluft vorheizen. Den Plunderteig dünn ausrollen und in 20 Quadrate schneiden.

2. In die Mitte eines jeden Quadrates etwas Preiselbeermarmelade setzen und die Teigecken Richtung Mitte einschlagen. Mit Eigelb bestreichen und mit Nusssplittern bestreuen.

3. Die Preiselbeertaschen auf ein mit Backpapier ausgelegtes Blech legen und 30 Min. bei Zimmertemperatur gehen lassen. Im Backofen etwa 30 Min. backen.

PRO STÜCK:
289 KCAL | 5 G E | 17 G F | 32 G KH

Zutaten

- 1 Rezept Plunderteig (siehe Seite 52)
- 250 g Preiselbeermarmelade zum Füllen
- etwas Eigelb zum Bestreichen
- Nuss- oder Mandelsplitter zum Bestreuen

Zwetschgenhörnchen

Die süß-säuerliche Zwetschgenmarmelade und der knusprige Plunderteig verbinden sich zu einer himmlischen Leckerei, die bei keinem Brunch fehlen darf.

20 Stück | 00 45 std : min | zzgl. 30 Min. Ruhezeit

Zubereitung

1. Den Plunderteig dünn ausrollen und in 20 Dreiecke schneiden.

2. Auf die lange Seite der Dreiecke jeweils etwas Zwetschgenmarmelade geben und den Teig zur Spitze hin einrollen. Die Enden leicht nach innen biegen, sodass die typische Hörnchenform entsteht.

3. Die Hörnchen auf ein mit Backpapier belegtes Blech legen und mit Eigelb bestreichen. 30 Min. bei Zimmertemperatur gehen lassen. Backofen auf 180 °C Ober-/Unterhitze oder 160 °C Umluft vorheizen.

4. Im Backofen etwa 30 Min. backen. Mit Staubzucker bestreuen und servieren.

PRO STÜCK:
281 KCAL | 4 G E | 15 G F | 30 G KH

Zutaten

1 Rezept Plunderteig (siehe Seite 52)
300 g Zwetschgenmarmelade zum Befüllen
1 Eigelb zum Bestreichen
Staubzucker zum Bestreuen

Profiterols mit Erdbeersahne

Die kleinen Windbeutel schmecken befüllt mit luftiger Erdbeersahne so gut, dass garantiert jeder einen Nachschlag möchte!

20 Stück

00 35 std : min

Zubereitung

1. Den Backofen auf 180 °C Ober-/Unterhitze oder 160 °C Umluft vorheizen. Den Brandteig in einen Spritzbeutel füllen und 20 Rosetten auf ein mit Backpapier ausgelegtes Blech spritzen.

2. Im Backofen (ohne Luftzufuhr) 20 Min. backen. Auskühlen lassen.

3. Rühraufsatz in den sauberen, fettfreien einsetzen und die Sahne auf **Stufe 4** ohne Messbecher anschlagen. Dann den Zucker einrieseln lassen und unter Sichtkontakt steif schlagen. Die pürierten Erdbeeren unter die Sahne heben.

4. Die Profiterols quer durchschneiden, mit Erdbeersahne füllen. Den Deckel aufsetzen und mit Staubzucker bestreuen.

PRO STÜCK:
125 KCAL | 3 G E | 9 G F | 8 G KH

Zutaten

- 1 Rezept Brandteig (siehe Seite 50)
- 200 g Sahne
- 30 g Zucker
- 100 g pürierte Erdbeeren
- Staubzucker, zum Bestreuen

Tipp: Für eine winterliche Variante geben Sie anstelle der Erdbeeren einfach 1 TL Zimt zur Sahne und füllen die Profiterols mit Zimtsahne.

Biskuit

Ein luftiger Biskuit ist ein wahrer Wandlungskünstler: Er bildet die Basis für fruchtige Biskuitrollen, kann als Boden und Deckel luftiger Nussschnitten mit Sahne oder zu Blechkuchen mit den unterschiedlichsten Belägen weiterverarbeitet werden. Auf den folgenden Seiten bringen die vielseitigen Rezepte Inspiration für den Teigklassiker. Das Beste: Mithilfe des Rühraufsatzes des Thermomix® gelingt jeder Biskuit in Windeseile.

Biskuitroulade mit Marillenmarmelade

Schleckermäuler, aufgepasst: Die Marillenmarmelade macht die Roulade zu einem Südtiroler Liebling. Sie kann natürlich jederzeit durch eine ganz persönliche Lieblingsmarmelade ersetzt werden.

8 Stücke | 00:30 std : min | zzgl. 2 Std. Kühlzeit

Zubereitung

1. Den Backofen auf 200 °C Ober-/Unterhitze oder 180 °C Umluft vorheizen. Eier, Vanillezucker sowie Zucker in den Mixtopf geben, den Rühraufsatz einsetzen und **7 Min. | 37 °C | Stufe 3** schaumig schlagen.

2. Mehl, Stärke sowie Backpulver zufügen und **15 Sek. | Stufe 2** unterrühren.

3. Die Masse auf ein mit Backpapier ausgelegtes Blech streichen und im Backofen etwa 10 Min. backen.

4. Den Biskuit auf ein mit Zucker bestreutes Geschirrtuch stürzen und das Papier abziehen. Den Biskuit mit dem Geschirrtuch vorsichtig aufrollen und ca. 2 Std. auskühlen lassen.

5. Den Biskuit entrollen, mit Marillenmarmelade bestreichen und wieder aufrollen. Mit Staubzucker bestreuen und servieren.

PRO STÜCK:
233 KCAL | 5 G E | 3 G F | 50 G KH

Zutaten

- 4 Eier
- 2 TL selbst gemachter Vanillezucker (siehe Seite 20)
- 150 g Zucker zzgl. etwas mehr zum Bearbeiten
- 100 g Mehl Type 405
- 20 g Stärke
- 1 TL Backpulver
- 250 g Marillenmarmelade
- Staubzucker zum Bestreuen

Tipp: Anstelle der 20 g Stärke können Sie auch 20 g Kakaopulver verwenden – so erhalten Sie einen Schokobiskuit. Achten Sie unbedingt auf die richtige Backzeit! Biskuit lieber ein paar Sekunden zu früh aus dem Ofen nehmen, als ihn zu lange zu backen. Er wird sonst zu trocken und bricht beim Aufrollen dann schnell.

Nussschnitten mit Schwarzbeersahne

Die luftige Fruchtcreme mit Schwarzbeeren, Marmelade und Vanille harmoniert perfekt mit den nussigen Biskuitböden. Dieses Rezept ist rasch zubereitet und macht spontane Gäste glücklich!

16 Stück | 00:35 std : min | zzgl. 3 Std. Kühlzeit

Zubereitung

1. Backofen auf 200 °C Ober-/Unterhitze oder 180 °C Umluft vorheizen. Eier, Zucker, Vanillezucker und Zitronenschale in den geben. Den Rühraufsatz einsetzen und **6 Min. | 37 °C | Stufe 4** aufschlagen.

2. Für weitere **6 Min. | Stufe 4** ohne Temperatur weiterschlagen. Mehl, Stärke, Nusskerne, Salz zufügen und nochmals **10 Sek. | Stufe 4** ohne Temperatur verrühren.

3. Die Masse fingerdick auf ein mit Backpapier belegtes Blech streichen und 6 Min. backen.

4. Ein Küchentuch mit Zucker bestreuen, den heißen Biskuit auf das Küchentuch stürzen, das Papier abziehen und den Boden ca. 3 Std. auskühlen lassen. Dann in ca. 6 x 8 cm große Schnitten teilen.

5. Den spülen, abtrocknen und evtl. mit dem Rühraufsatz in den Kühlschrank stellen.

6. Für die Schwarzbeersahne die kalte Sahne in den geben und den Rühraufsatz einsetzen. Ohne Messbecher auf **Stufe 4** steif schlagen, dabei Sichtkontakt halten. Vanillezucker, Schwarzbeeren und Schwarzbeermarmelade mit dem unterheben.

7. Die eine Hälfte der Schnitten mit der Schwarzbeersahne bestreichen und jeweils mit einer zweiten Schnitte bedecken. Abschließend die Nussschnitten mit Staubzucker bestreuen und servieren.

PRO STÜCK:
241 KCAL | 6 G E | 13 G F | 27 G KH

Zutaten

Für den Biskuit

- 4 Eier
- 100 g Zucker zzgl. etwas mehr zum Bearbeiten
- 1 EL selbst gemachter Vanillezucker (siehe Seite 20)
- 1 TL abgeriebene Zitronenschale
- 120 g Mehl Type 405
- 30 g Stärke
- 50 g gemahlene Nusskerne
- 1 Prise Salz

Für die Füllung

- 250 g kalte Sahne
- 1 EL selbst gemachter Vanillezucker (siehe Seite 20)
- 100 g Schwarzbeeren
- 2 EL Schwarzbeermarmelade
- Staubzucker zum Bestreuen

Info: Schwarzbeeren ist der österreichische Begriff für Heidelbeeren.

Biskuitomeletts

Statt des üblichen Kuchens sorgen diese kleinen Biskuitomeletts für eine hübsche Überraschung zur Kaffeezeit. Die Früchte und Beeren können je nach Saison und Geschmack variiert werden!

3 Stück

00 30 std : min

Zubereitung

1. Backofen auf 180 °C Ober-/Unterhitze oder 160 °C Umluft vorheizen.

2. Zucker, Eier und Vanillezucker im **4 Min. | Stufe 5** vermischen. Das Mehl mit Backpulver hinzufügen und **4 Min. | Stufe 4,5** verrühren.

3. Die Masse in 3 Kreisen auf ein mit Backpapier ausgelegtes Blech setzen, anschließend im Ofen etwa 15–20 Min. backen.

4. Die ausgekühlten Omeletts mit geschlagener Sahne, Zitronenschale und Früchten der Saison belegen.

PRO STÜCK:
892 KCAL | 15 G E | 64 G F | 59 G KH

Zutaten

- 60 g Zucker
- 3 Eier
- 1 EL selbst gemachter Vanillezucker (siehe Seite 20)
- 100 g Mehl Type 405
- ½ TL Backpulver
- 500 g geschlagene Sahne
- 1 TL abgeriebene Zitronenschale
- 150 g Früchte bzw. Beeren der Saison

Kirschschnitten

Diese Schnitten sind die kleinen Schwestern der Schwarzwälder Kirschtorte – mit ihrem lockeren Schokoladenbiskuit und den süßen Kirschen stehen sie dem Original in nichts nach!

16 Stück | 00 40 std : min | zzgl. 30 Min. Kühlzeit

Zubereitung

1. Den Backofen auf 200 °C Ober-/Unterhitze oder 180 °C Umluft vorheizen. Eier, Vanillezucker sowie Zucker in den geben, den Rühraufsatz einsetzen und **7 Min. | 37 °C | Stufe 3** schaumig schlagen.

2. Mehl, Kakaopulver sowie Backpulver zufügen und **15 Sek. | Stufe 2** unterrühren.

3. Die Masse auf ein mit Backpapier ausgelegtes Blech streichen und im Backofen etwa 10 Min. backen. Anschließend auskühlen lassen und halbieren.

4. Für die Topfencreme die kalte Sahne in den sauberen und fettfreien geben. Den Rühraufsatz einsetzen und die Sahne **Stufe 4** ohne Messbecher steif schlagen.

5. Kirschlikör und Topfen zugeben und mit dem unterheben.

6. Topfencreme in einen Spritzbeutel füllen, in Rosettenform auf der einen Kuchenhälfte verteilen und mit Kirschen und einigen Schokospänen belegen. Die andere Kuchenhälfte darauflegen und mit restichen Schokospänen verzieren. Im Kühlschrank durchkühlen lassen.

PRO STÜCK:
530 KCAL | 9 G E | 33 G F | 51 G KH

Zutaten

- 4 Eier
- 2 TL selbst gemachter Vanillezucker (siehe Seite 20)
- 150 g Zucker zzgl. etwas mehr zum Bearbeiten
- 100 g Mehl Type 405
- 20 g Kakaopulver
- 1 TL Backpulver
- 250 g Sahne
- 15 g Kirschlikör
- 250 g Topfen
- 500 g Kirschen
- Schokoladenspäne

Tipp: Sie können den Biskuit für die Schnitten auch im Voraus backen. Vor dem Servieren frisch mit Sahne befüllen. Abgedeckt und im Kühlschrank gelagert halten sich die Schnitten etwa 3–4 Tage.

Mascarponeblechkuchen

Mascarpone kommt vor allem bei der Zubereitung von Tiramisu in den Mixtopf. Hier dient der italienische Frischkäse dazu, einen Kakaoboden mit einem unwiderstehlichen Topping zu verzieren.

12 Stücke | 00 40 std : min | zzgl. 30 Min. Kühlzeit

Zubereitung

1. Den Backofen auf 200 °C Ober-/Unterhitze oder 180 °C Umluft vorheizen. Eier, Vanillezucker sowie Zucker in den geben, den Rühraufsatz einsetzen und **7 Min. | 37 °C | Stufe 3** schaumig schlagen.

2. Mehl, Kakaopulver sowie Backpulver zufügen und **15 Sek. | Stufe 2** unterrühren.

3. Die Masse auf ein mit Backpapier ausgelegtes Blech streichen und im Backofen etwa 10 Min. backen. Anschließend auskühlen lassen.

4. Für die Mascarponecreme die Sahne in den sauberen und fettfreien geben, den Rühraufsatz einsetzen und auf **Stufe 4** unter Sichtkontakt ohne Messbecher steif schlagen.

5. Zitronenschale mit Mascarpone, Zucker und Eierlikör zufügen und mit dem unterheben. Mascarponecreme in einen Spritzbeutel füllen und als Rosetten auf den Kuchen spritzen.

6. Den Kuchen mit Schokospänen garnieren und bis zum Servieren im kaltstellen.

PRO STÜCK:
579 KCAL | 10 G E | 39 G F | 44 G KH

Zutaten

Für den Boden

- 4 Eier
- 2 TL selbst gemachter Vanillezucker (siehe Seite 20)
- 150 g Zucker zzgl. etwas mehr zum Bearbeiten
- 100 g Mehl Type 405
- 20 g Kakaopulver
- 1 TL Backpulver

Für die Creme

- 500 g Sahne
- 1 Msp. abgeriebene Zitronenschale
- 500 g Mascarpone
- 80 g Zucker
- 2 EL Eierlikör
- Schokospäne zum Garnieren

MEHL

Waffeln

Ob zum Frühstück oder zur Kaffeezeit, sie schmecken einfach immer! Mit nur wenigen Zutaten und ein paar Handgriffen sind sich köstliche Waffelteige zubereitet. Mit dabei sind schokoladige Waffeln, luftige Buttermilchwaffeln mit Zimt, fruchtige vegane Apfel-Dinkel-Waffeln und ganz klassische belgische Teigherzen.

Belgische Waffeln

Das Besondere an diesen Waffeln ist der Hagelzucker im Teig. Er karamellisiert beim Backen im Eisen und sorgt für ein besonders himmlisch-süßes Geschmackserlebnis.

10 Stück | 00:10 std : min | zzgl. 1 Std. Ruhezeit

Zubereitung

1. Milch, Hefe, Butter, Zucker, Vanillezucker, Ei sowie Salz in den geben und **3 Min. | 37 °C | Stufe 2** verrühren. Das Mehl zufügen und alles **1 Min. | Stufe 4** verrühren.

2. Den Teig zugedeckt etwa 1 Std. bei Zimmertemperatur gehen lassen. Anschließend den Hagelzucker mit dem unterheben.

3. Das Waffeleisen aufheizen, mit Öl einstreichen und den Teig portionsweise darin backen.

PRO STÜCK:
166 KCAL | 4 G E | 5 G F | 28 G KH

Zutaten

- 100 g Milch
- 20 g Hefe
- 50 g Butter
- 30 g Zucker
- 10 g selbst gemachter Vanillezucker (siehe Seite 20)
- 1 Ei
- 1 Prise Salz
- 200 g Mehl Type 405
- 75 g Hagelzucker
- etwas Öl zum Fetten des Waffeleisens

Tipp: Wer die Waffeln noch knuspriger mag, kann die Milch auch 1:1 durch Wasser ersetzen.

Buttermilchwaffeln mit Zimt

Diese beliebten Waffeln zaubern jedem ein Lächeln ins Gesicht. Noch besser schmecken die luftigen Gebäcke nur, wenn sie mit einer Kugel Eis und frischen Früchten der Saison serviert werden!

12 Stück

00:10 std : min

Zubereitung

1. Butter, Zucker, Vanillezucker, Eier, Salz sowie Zimt in den [Mixtopf] geben und **2 Min. | Stufe 2** vermischen.

2. Mehl, Backpulver, Stärke sowie Buttermilch zufügen und alles **30 Sek. | Stufe 4** gut verrühren.

3. Das Waffeleisen vorheizen, mit Öl einpinseln und den Teig darin portionsweise zu Waffeln backen.

PRO STÜCK:
239 KCAL | 6 G E | 11 G F | 31 G KH

Zutaten

- 125 g Butter, in Stücken
- 125 g Zucker
- 10 g selbst gemachter Vanillezucker (siehe Seite 20)
- 4 Eier
- 1 Prise Salz
- 1 Prise Zimtpulver
- 250 g Mehl Type 405
- 10 g Backpulver
- 20 g Stärke
- 250 g Buttermilch
- etwas Öl zum Fetten des Waffeleisens

Tipp: Dieser Teig kann wunderbar vorbereitet und für einige Stunden im Kühlschrank aufbewahrt werden. Dazu schmecken frische Beeren.

Dank Thermomix® wird der Teig klümpchenfrei gemixt.

Schokoladenwaffeln

Dieses Gebäck bringt frischen Wind in Ihr Waffeleisen. Am besten servieren Sie die Waffeln noch warm, da die Schokolade beim Backen schmilzt und für extra Genuss sorgt!

14 Stück | 00 15 std : min

Zutaten

- 60 g Öl zzgl. etwas mehr zum Fetten des Waffeleisens
- 130 g Zucker
- 10 g selbst gemachter Vanillezucker (siehe Seite 20)
- 3 Eier
- 380 g Milch
- 1 Prise Salz
- 300 g Mehl Type 405
- 10 g Backpulver
- 5 g Natron
- 50 g Kakaopulver
- 50 g Schokotropfen oder gehackte dunkle Schokolade

Zubereitung

1. Öl, Zucker, Vanillezucker, Eier, Milch sowie Salz in den Mixtopf geben und **1 Min. | Stufe 4** verrühren.

2. Mehl, Backpulver, Natron sowie Kakao zufügen und **30 Sek. | Stufe 6** vermengen. Die Schokolade dazugeben und kurz unterrühren.

3. Waffeleisen erhitzen, mit Öl einstreichen, den Teig portionsweise hineingeben und 14 Waffeln backen.

PRO STÜCK:
216 KCAL | 6 G E | 9 G F | 31 G KH

Tipp: Backen Sie doch gleich die doppelte Menge an Waffeln. Luftdicht verpackt lassen sie sich nach dem Abkühlen gut einfrieren und sind so bis zu 30 Tage haltbar. Zum Auftauen bei 140 °C im Ofen erneut erwärmen oder kurz im Toaster aufbacken.

Vegane Apfel-Dinkel-Waffeln

Ist mal kein Ei im Haus, heißt das noch lange nicht, dass Sie auf Waffeln verzichten müssen! Am besten reichen Sie noch frisches Fruchtkompott ganz nach Belieben dazu!

6 Stück | 00 15 std : min | zzgl. 30 Min. Ruhezeit

Zubereitung

1. Mandelmilch mit Kokosöl in den Mixtopf geben und **3 Min. | 37 °C | Stufe 2** verrühren, bis das Kokosöl flüssig ist.

2. Kokosblütenzucker, Kokosmehl, Salz, Zimt sowie Dinkelvollkornmehl zufügen und **1 Min. | Stufe 4** gut verrühren. Den Teig zugedeckt etwa 30 Min. quellen lassen.

3. Die Apfelwürfel mit dem Spatel unter den Teig heben.

4. Das Waffeleisen vorheizen, mit Öl einpinseln und aus dem Teig portionsweise 6 Waffeln backen.

PRO STÜCK:
139 KCAL | 3 G E | 6 G F | 18 G KH

Zutaten

- 175 g Mandelmilch
- 25 g Kokosöl
- 10 g Kokosblütenzucker
- 5 g Kokosmehl
- 1 Prise Salz
- 1 Prise Zimtpulver
- 125 g Dinkelvollkornmehl
- 75 g Äpfel, geschält und in kleinen Würfeln
- etwas Öl zum Einfetten des Waffeleisens

Tipp: Während des Quellens kann der Teig problemlos im Mixtopf bleiben. So benötigen Sie keine weitere Schüssel und können den Teig direkt aus dem Thermomix® portionsweise in das Waffeleisen gießen.

Kokosöl bekommen Sie in jedem gut sortierten Supermarkt.

thermomix
WERK

Krapfen & Co.

Krapfen, Strauben & Co.: Südtirol ist bekannt für köstliche mit Hefe zubereitete und frittierte Nachspeisen und Gebäcke. Früher meist nur an Feiertagen aufgetischt, werden sie heute zu jedem Anlass serviert. Versuchen Sie sich an den kulinarischen Klassikern und lassen Sie sich direkt verzaubern!

Apfelkrapfen

Krapfen sind eine traditionelle Südtiroler Süßspeise, die zu allerlei Anlässen auf den Tisch kommt. Bereiten Sie am besten immer ein paar mehr zu, da dem kleinen Gebäck keiner widerstehen kann!

20 Stück | 00:45 std : min | zzgl. 20 Min. Ruhezeit

Zubereitung

1. Für den Teig Mehl, Eigelbe, Wasser, Salz, Öl, Zucker, Rum, Vanillezucker sowie die Butter in den Mixtopf geben und alles **3 Min. |** Teigstufe verkneten.

2. Den Teig aus dem Mixtopf nehmen und auf einer bemehlten Arbeitsfläche noch einmal durchkneten. Zugedeckt etwa 20 Min. ruhen lassen. Den Mixtopf spülen.

3. Für die Füllung Äpfel in den Mixtopf geben, **5 Sek. | Stufe 6** zerkleinern. Zucker, Vanillezucker, Sultaninen, Semmelbrösel, Zimt, Rum sowie Zitronenschale zufügen und mit dem Spatel kurz vermischen.

4. Den Teig in Scheiben schneiden und mit der Nudelmaschine oder einem Nudelholz dünn ausrollen. Mit einem Ausstecher oder einem Glas 20 Kreise ausstechen.

Tipp: Stechen Sie am besten nicht zu große Kreise aus. Je größer die Krapfen, desto mehr saugen sie sich beim langsamen Ausbacken mit Fett voll.

5. 1 TL Füllung auf die obere Hälfte der Kreise setzen. Ränder mit Eiweiß bestreichen und nach oben über die Füllung schlagen. Die Teigränder mit den Fingern gut andrücken.

6. Die Krapfen im heißen Backfett schwimmend auf beiden Seiten knusprig braun ausbacken.

7. Herausnehmen und auf Küchenkrepp entfetten. Mit Staubzucker bestreuen und servieren.

PRO STÜCK:
219 KCAL | 2 G E | 12 G F | 21 G KH

Der Thermomix® leistet gute Vorarbeit beim Teigkneten.

Zutaten für den Teig

- 200 g Mehl Type 405 zzgl. etwas mehr zum Bearbeiten
- 2 Eigelb
- 60 g lauwarmes Wasser
- 1 Prise Salz
- 1 TL Öl
- 10 g Zucker
- 2 EL Rum
- 1 TL selbst gemachter Vanillezucker (siehe Seite 20)
- 20 g zerlassene Butter

Für die Füllung

- 300 g Äpfel
- 100 g Zucker
- 1 EL selbst gemachter Vanillezucker (siehe Seite 20)
- 1 EL Sultaninen
- 100 g Semmelbrösel
- 1 Msp. Zimtpulver
- 1 EL Rum
- 1 Msp. abgeriebene Zitronenschale

Außerdem

- 1 Eiweiß zum Bestreichen
- Backfett zum Frittieren

Faschingskrapfen

An Fasching oder Silvester gehören sie dazu. Das Fettgebäck sorgt für eine gute Grundlage, wenn zu den Festtagen viel getrunken wird. Aber auch zu einer Tasse Kaffee sind sie stets willkommen.

Zubereitung

1. Milch, Zucker sowie Hefe in den [Mixtopf] geben, **3 Min. | 37 °C | Stufe 1** vermischen. 15 Min. gehen lassen.

2. Mehl, Salz, Ei, Eigelbe, Vanillezucker, Zitronenschale, Rum, Salz sowie Butter zufügen und alles **3 Min. |** [Teigstufe] kneten.

3. Teig abgedeckt an einem warmen Ort etwa 1 ½ Std. auf das doppelte Volumen aufgehen lassen.

4. Den Teig auf einer bemehlten Arbeitsfläche mit der Hand gut durchkneten, zu einer Rolle formen und in Scheiben schneiden. Die einzelnen Teigstücke zu Kugeln formen, mit einem Tuch abdecken und erneut ungefähr 30 Min. gehen lassen.

5. Im heißen Fett schwimmend auf beiden Seiten goldgelb ausbacken.

6. Marillenmarmelade in einen Spritzbeutel mit Tülle füllen und von der Seite in die noch lauwarmen Krapfen spritzen.

7. Die Krapfen dick mit Staubzucker bestreuen und servieren.

PRO STÜCK:
463 KCAL | 4 G E | 35 G F | 30 G KH

Zutaten

- 150 g lauwarme Milch
- 55 g Zucker
- 25 g Hefe
- 500 g Mehl Type 405 zzgl. etwas mehr zum Bearbeiten
- 1 Prise Salz
- 1 Ei
- 3 Eigelb
- 1 TL selbst gemachter Vanillezucker (siehe Seite 20)
- ½ TL abgeriebene Zitronenschale
- 1 TL Rum
- 1 Prise Salz
- 80 g zerlassene Butter
- Backfett zum Frittieren
- 200 g Marillenmarmelade
- Staubzucker

Den Teig abgedeckt ruhen lassen, damit dieser nicht austrocknet.

Tipp: Sie können den Teig auch im Kühlschrank aufbewahren und dort bis zur Weiterverarbeitung lagern. Dann etwa 30 Min. vorher herausnehmen, damit er wieder Zimmertemperatur annehmen kann.

Marmeladenkrapfen

Spricht man in Südtirol von Krapfen, sind damit meist diese von außen knusprigen und mit Marmelade oder Mohn gefüllten Taschen gemeint.

20 Stück | 00:30 std : min | zzgl. 20 Min. Ruhezeit

Zubereitung

1. Mehl, Butter, Eigelbe, Joghurt, Milch, Likör, Vanillezucker sowie Salz in den (Mixtopf) geben und alles **3 Min. | (Knetstufe)** kneten.

2. Teig aus dem (Mixtopf) nehmen und auf einer bemehlten Arbeitsfläche noch einmal mit den Händen durchkneten. Zu einer Kugel formen und abgedeckt 20 Min. ruhen lassen.

3. Den Teig in Scheiben schneiden, mit der Nudelmaschine dünn austreiben. Mit einem Ausstecher oder einem Glas 40 Kreise ausstechen.

4. Auf die Hälfte der Kreise je 1 TL Marillenmarmelade geben und Teigränder mit Eiweiß bestreichen. Die restlichen Kreise daraufsetzen und die Teigränder mit den Fingern gut andrücken.

5. Die Krapfen im heißen Backfett schwimmend ca. 2 Min. auf beiden Seiten knusprig braun ausbacken.

6. Herausnehmen, auf Küchenkrepp abtropfen lassen. Nach Belieben mit Staubzucker bestreut servieren.

PRO STÜCK:
320 KCAL | 2 G E | 26 G F | 17 G KH

Zutaten

- 250 g Mehl Type 405 zzgl. etwas mehr zum Bearbeiten
- 125 g zerlassene Butter
- 2 Eigelb
- 50 g Joghurt
- 60 g lauwarme Milch
- 1 EL Marillenlikör
- 1 EL selbst gemachter Vanillezucker (siehe Seite 20)
- 1 Prise Salz
- 200 g Marillenmarmelade
- 1 Eiweiß zum Bestreichen

Tipp: Sie können den Marillenlikör auch einfach durch Marillennektar ersetzen. Vermischen Sie ihn dazu am besten mit etwas Zitronen- oder Orangensaft. So können auch Kinder das Gebäck genießen.

Hefe-Mohn-Krapfen

Im Gegensatz zu den traditionellen rechteckigen Ultner Mohnkrapfen, die frittiert werden, stellen wir Ihnen in diesem Rezept eine luftige Hefeteig-Variante aus dem Backofen vor.

20 Stück | 00 40 std : min | zzgl. 30 Min. Kühlzeit und 15 Min. Ruhezeit

Zubereitung

1. Wasser mit Mohn in den geben und **5 Min. | 100 °C | Stufe 1** kochen lassen. Zucker mit Honig, Zitronenschale, Zimt, Sultaninen, Vanillezucker sowie Rum unterrühren und 30 Min. auskühlen lassen.

2. Den Hefeteig dünn ausrollen und mit einem Glas oder Messbecher Kreise (Ø etwa 6 cm) ausstechen. Auf jeden Kreis etwas von der Mohnfüllung geben und den Teig darüber gut verschließen.

3. Die Krapfen auf ein mit Backpapier ausgelegtes Blech legen und 15 Min. gehen lassen. Den Backofen auf 180 °C Ober-/Unterhitze oder 160 °C Umluft vorheizen.

4. Ei und Milch verquirlen und die Krapfen damit bestreichen. Anschließend mit Mohn bestreuen.

5. Im Backofen etwa 15 Min. backen, bis die Krapfen goldbraun sind.

PRO STÜCK:
216 KCAL | 5 G E | 8 G F | 32 G KH

Zutaten

- 200 g Wasser
- 250 g fein gemahlener Mohn
- 250 g Zucker
- 20 g Honig
- 1 Msp. abgeriebene Zitronenschale
- ½ TL Zimtpulver
- 15 g Sultaninen
- 15 g selbst gemachter Vanillezucker (siehe Seite 20)
- 15 g Rum
- 1 Rezept Hefeteig (siehe Seite 34)
- 1 Ei
- 45 g Milch

Lassen Sie den Teig einige Minuten „entspannen“, falls er sich beim Ausrollen immer wieder zusammenziehen sollte.

Tipp: Anstatt kleine Krapfen zu formen, können Sie den Hefeteig auch dünn ausrollen, mit der Mohnfüllung bestreichen, zu einem Strudel aufrollen und 40 Min. im vorgeheiztem Ofen bei 180 °C Ober-/Unterhitze backen.

Strauben

Das Glücksgebäck wurde in Südtirol traditionell zu besonderen Anlässen serviert, heute sind sie von keinem Wiesenfest mehr wegzudenken. Kein Wunder, bei diesem herrlichen Geschmack!

4 Portionen

00 20 std : min

zzgl. 30 Min. Ruhezeit

Zubereitung

1. Mehl, Milch, Butter, Eier, Schnaps, Zucker, Backpulver sowie Salz in den geben und **3 Min.** | verrühren. Anschließend den Teig 30 Min. ruhen lassen.

2. Backfett in einem flachen Topf erhitzen und den Teig mithilfe eines Straubentrichters von der Mitte ausgehend kreisförmig ins heiße Fett laufen lassen. 2 Min. pro Seite goldbraun ausbacken.

3. Auf Küchenkrepp entfetten. Strauben mit Staubzucker bestreuen und mit Marmelade servieren.

PRO PORTION:
741 KCAL | 14 G E | 40 G F | 79 G KH

Zutaten

- 200 g Mehl Type 405
- 280 g lauwarme Milch
- 15 g zerlassene Butter
- 3 Eier
- 20 g Schnaps
- 50 g Zucker
- ½ Pck. Backpulver
- 1 Prise Salz
- Backfett zum Frittieren
- Staubzucker zum Bestreuen
- Preiselbeermarmelade

Tipp: Wenn Sie keinen speziellen Straubentrichter haben, können Sie auch einen gewöhnlichen Haushaltstrichter mit großem Loch oder einen Spritzbeutel mit großer Tülle verwenden, um den Teig in den Topf zu geben.

Crostoli

Crostoli sind ein italienisches Gebäck, das typischerweise zur Faschingszeit serviert wird. Wir finden: Diese Nascherei schmeckt auch außerhalb der Saison hervorragend.

20 Stück | 00:25 std : min | zzgl. 30 Min. Ruhezeit

Zubereitung

1. Mehl, Butter, Eigelb, Milch, Grappa, Zucker sowie Salz in den geben und alles **3 Min. |** verkneten.

2. Den Teig aus dem nehmen und auf einer bemehlten Arbeitsfläche noch einmal durchkneten. Zugedeckt 30 Min. ruhen lassen.

3. Den Teig in Scheiben schneiden und mit der Nudelmaschine oder einem Nudelholz dünn austreiben. Die Teigbahnen mit einem Krapfenrad, alternativ geht auch ein gewelltes Teigrad, in 20 etwa 6 x 8 cm breite Streifen schneiden.

4. Die Crostoli im heißen Backfett schwimmend auf beiden Seiten knusprig braun ausbacken.

5. Auf Küchenkrepp entfetten und mit Staubzucker bestreut servieren.

PRO STÜCK:
254 KCAL | 2 G E | 22 G F | 11 G KH

Zutaten

250 g Mehl Type 405
zzgl. etwas mehr zum Bearbeiten
45 g zerlassene Butter
1 Eigelb
120 g lauwarme Milch
20 g Grappa
1 Msp. Zucker
1 Prise Salz
Backfett zum Ausbacken
Staubzucker zum Bestreuen

Tipp: Reichen Sie zu den Crostoli doch eine leckere Zabaione (Weinschaum). Dazu einfach den Rühraufsatz einsetzen und 120 g Zucker mit 6 Eigelb, 60 g Marsala oder Eierlikör sowie 60 g trockenem Weißwein in den geben und **9 Min. | 70 °C | Stufe 3** schaumig schlagen.

thermomix
VORWERK
Menu
00 00
0

Weihnachtsgebäck

Die Adventszeit verbringen wir am liebsten in der Backstube. Es gibt in der Weihnachtszeit kaum etwas Schöneres, als Plätzchen zu backen, die das ganze Haus mit ihrem Duft erfüllen und somit die Vorfreude aufs Fest schüren. Auf den folgenden Seiten finden Sie Rezepte beliebter Klassiker. Da werden Ausstechförmchen und Keksdosen schnell bereitgestellt und die Weihnachtsbäckerei kann beginnen.

Vanillekipferl

Die kleinen Vanillekipferl sind immer ein großer Genuss und gehören auf jeden bunten Teller. Und selbst gebacken schmecken sie doch am allerbesten!

30 Stück | 00:25 std : min | zzgl. 1 Std. Kühlzeit

Zutaten

100 g weiche Butter, in Stücken
60 g gemahlene und geröstete Haselnusskerne
140 g Mehl Type 405
60 g Zucker
20 g selbst gemachter Vanillezucker (siehe Seite 20)
1 Prise Salz
100 g Staubzucker

Zubereitung

1. Butter, gemahlene Haselnusskerne, Mehl, 40 g Zucker, 10 g Vanillezucker sowie Salz in den Mixtopf geben und alles **2 Min. | Stufe 4** verkneten.

2. Den Teig in Klarsichtfolie wickeln und 1 Std. in den Kühlschrank legen.

3. Backofen auf 180 °C Ober-/Unterhitze oder 160 °C Umluft vorheizen. Den Teig zu Kipferl formen und im heißen Ofen etwa 15 Min. backen.

4. Staubzucker, 10 g Vanillezucker sowie übrige 20 g Zucker vermischen und die noch lauwarmen Vanillekipferl darin wenden.

PRO STÜCK:
81 KCAL | 1 G E | 4 G F | 10 G KH

Tipp: Beim Formen der Kipferl ist es wichtig, dass der Teig kalt bleibt, damit die Kipferl später nicht brechen. Schneiden Sie also am besten immer kleine Portionen zum Weiterverarbeiten ab und legen Sie den Rest des Teigs zurück in den Kühlschrank.

Lebkuchen

An eine Adventszeit ohne Lebkuchen ist gar nicht erst zu denken! Dank des Thermomix® gelingt Ihnen der duftende Klassiker wie von Zauberhand.

60 Stück | **00 30** std : min | **zzgl. 12 Std. Kühlzeit**

Zubereitung

1. Honig, Zucker, Eier, Zitronen- und Orangenschale, Rum, Butter sowie Salz in den Mixtopf geben und **5 Min. | 100 °C | Stufe 1** erhitzen.

2. Anschließend die restlichen Zutaten zufügen und **1 Min. | Stufe 4** kneten. Mindestens 12 Std. im Kühlschrank ruhen lassen.

3. Backofen auf 200 °C Ober-/Unterhitze oder 180 °C Umluft vorheizen. Den Teig etwa 8 mm dick ausrollen, beliebig ausstechen, mit Milch bestreichen und mit den geschälten Mandelhälften dekorieren.

4. Die Kekse auf mit Backpapier belegte Bleche verteilen und im Ofen etwa 12 Min. backen.

PRO STÜCK:
72 KCAL | 1 G E | 2 G F | 12 G KH

Zutaten

- 150 g Honig
- 210 g Zucker
- 3 Eier
- abgeriebene Schale von je ½ Zitrone und Orange
- 20 g Rum
- 60 g Butter, in Stücken
- 1 Prise Salz
- 150 g Roggenmehl
- 360 g Mehl Type 405
- 20 g Natron
- 20 g Lebkuchengewürz
- ½ TL Kakaopulver
- Milch zum Bestreichen
- geschälte Mandelkernhälften zum Garnieren

Den Lebkuchenteig können Sie zum Ruhen auch im Mixtopf belassen.

Tipp: Statt die Lebkuchen mit Mandelkernen zu belegen, können Sie sie auch nach dem Backen mit Zuckerguss verzieren.

Spitzbuben

Auch über die Adventszeit hinaus schmeckt dieser Plätzchen-klassiker köstlich und ist im Nu zubereitet.

20 Stück | 00:25 std : min | zzgl. 1 Std. Kühlzeit

Zubereitung

1. Die Butter mit dem Zucker im Mixtopf **30 Sek. | Stufe 4** schaumig rühren. Ei, Vanillezucker sowie Mehl zufügen und alles **3 Min. | Knetstufe** kneten.

2. Den Teig aus dem Mixtopf nehmen und auf einer leicht bemehlten Arbeitsfläche mit den Händen noch einmal durchkneten. Den Teig in Klarsichtfolie wickeln, mindestens 1 Std. im Kühlschrank ruhen lassen.

3. Den Backofen auf 180 °C Ober-/Unterhitze oder 160 °C Umluft vorheizen. Den Teig auf einer bemehlten Arbeitsfläche etwa 3 mm dick ausrollen. Mit beliebigen Formen Kekse ausstechen. Bei der Hälfte der Plätzchen in der Mitte eine Öffnung ausstechen.

4. Die Kekse auf ein mit Backpapier belegtes Blech legen und vorgeheizten Backofen etwa 8 Min. backen. Kekse auskühlen lassen.

5. Marillenmarmelade erwärmen und die Kekse ohne Öffnung damit bestreichen. Die übrigen Kekse mit Staubzucker bestreuen und auf die Marmeladenkekse setzen.

PRO STÜCK:
173 KCAL | 3 G E | 9 G F | 22 G KH

Tipp: Sie können die Kekshälften mit Öffnung auch vor dem Backen mit etwas Eigelb bestreichen und mit gehackten Haselnüssen bestreuen.

Zutaten

- 200 g Butter, in Stücken
- 120 g Zucker
- 1 Ei
- 1 EL selbst gemachter Vanillezucker (siehe Seite 20)
- 400 g Mehl Type 405 zzgl. etwas mehr zum Bearbeiten
- etwa 120 g Marillenmarmelade
- Staubzucker

Im Thermomix® werden Butter und Zucker schaumig gemixt.

Schwarz-Weiß-Gebäck

Dieses süße Gebäck verzaubert jedes Jahr wieder! Hier überzeugt nicht nur der Geschmack, sondern auch das schöne Muster, das Sie ganz nach Belieben variieren können.

25 Stück | 00 40 std : min | zzgl. 1 Std. 20 Min. Kühlzeit

Zubereitung

1. Für den weißen Teig Butter, Mehl, Backpulver, Staubzucker, Vanillezucker und Eigelb in den geben, **3 Min.** | kneten.

2. Teig aus dem nehmen und auf der leicht bemehlten Arbeitsfläche mit der Hand nochmals gut durchkneten. Den Teig in Klarsichtfolie wickeln und etwa 1 Std. im Kühlschrank ruhen lassen. Den spülen und trocknen.

3. Für den schwarzen Teig Rühraufsatz einsetzen. Eiweiß auf **Stufe 4** ohne Messbecher steif schlagen. Umfüllen und beiseitestellen.

4. Butter, Mehl, Backpulver, Stärke, Staubzucker, Vanillezucker sowie Kakaopulver in den geben und **3 Min.** | kneten. In der letzten Min. den Eischnee durch die Deckelöffnung zugeben und untermischen.

5. Teig aus dem nehmen und auf der leicht bemehlten Arbeitsfläche mit der Hand nochmals durchkneten. In Klarsichtfolie wickeln, 30 Min. im Kühlschrank ruhen lassen.

6. Den Backofen auf 170 °C Ober-/Unterhitze oder 150 °C Umluft vorheizen. Den weißen Teig dünn ausrollen und mit Wasser bepinseln. Den schwarzen Teig ebenfalls dünn ausrollen und auf den weißen Teig legen. Zusammenrollen und die Teigrolle zugedeckt etwa 20 Min. in den Kühlschrank legen.

7. Von der Teigrolle etwa 1 cm dicke Scheiben abschneiden. Auf ein mit Backpapier belegtes Blech legen und die Kekse etwa 10 Min. backen.

PRO STÜCK:
108 KCAL | 1 G E | 5 G F | 15 G KH

Zutaten
für den hellen Teig

- 75 g Butter, in Stücken
- 125 g Mehl Type 405 zzgl. etwas mehr zum Bearbeiten
- 1 TL Backpulver
- 75 g Staubzucker
- 1 EL selbst gemachter Vanillezucker (siehe Seite 20)
- 1 Eigelb

Für den dunklen Teig

- 1 Eiweiß
- 60 g Butter, in Stücken
- 100 g Mehl Type 405 zzgl. etwas mehr zum Bearbeiten
- 1 TL Backpulver
- 15 g Stärke
- 90 g Staubzucker
- 1 EL selbst gemachter Vanillezucker (siehe Seite 20)
- 1 EL Kakaopulver

Gut eingewickelt bleibt der Teig beim Kühlen schön saftig.

Tipp: Für ein kariertes Muster die Teige in je 4 helle und 4 dunkle Teigrollen teilen. Eine der hellen Rollen auf eine dunkle drücken. Neben dem dunklen Teigstrang einen hellen platzieren und darauf wiederum einen dunklen Teigstrang festdrücken. Die 4 Teigrollen fest aneinanderdrücken, sodass das endgültige Muster entsteht. Mit den übrigen 4 Teigsträngen ebenso verfahren.In etwa 1 cm dicke Scheiben schneiden und wie beschrieben backen.

Mandel-Schokoladen-Kekse

Diese Kekse sind etwas für echte Feinschmecker. Das Salz wirkt als Geschmacksverstärker und bringt das Aroma der Schokolade so richtig zur Geltung.

25 Stück | 00 25 std : min | zzgl. 1 Std. Kühlzeit

Zubereitung

1. Mandelkerne in den ⌴ geben, **20 Sek. | Stufe 10** mahlen und umfüllen. Zartbitterschokolade oder Kuvertüre in den ⌴ geben und **Stufe 1–10** aufsteigend mahlen. Mehl, gemahlene Mandeln, Backpulver, Butter, Zucker, Ei sowie Salz zufügen und alles **3 Min. |** 🌾 verkneten.

2. Den Teig aus dem ⌴ nehmen und auf der leicht bemehlten Arbeitsfläche mit der Hand noch einmal gut durchkneten. (Es sollen keine Butterstückchen mehr sichtbar sein.)

3. Den Teig in Klarsichtfolie wickeln und 1 Std. in den Kühlschrank legen.

4. Backofen auf 190 °C Ober-/Unterhitze oder 170 °C Umluft vorheizen. Den Teig auf einer bemehlten Arbeitsfläche etwa 5 mm dick ausrollen, beliebige Formen ausstechen und auf ein mit Backpapier ausgelegtes Blech legen.

5. Die Kekse im Backofen etwa 10 Min. backen.

PRO STÜCK:
120 KCAL | 2 G E | 7 G F | 12 G KH

Zutaten

- 125 g Mandelkerne
- 125 g gekühlte Zartbitterschokolade oder Kuvertüre, in Stücken
- 125 g Mehl Type 405 zzgl. etwas mehr zum Bearbeiten
- ½ Pck. Backpulver
- 80 g Butter, in Stücken
- 125 g Zucker
- 1 Ei
- 1 Prise Salz

Die Schokoladenstücke mahlt der Thermomix® in Sekunden fein.

Tipp: Sie können die Mandelkerne auch durch Haselnusskerne ersetzen.

Schokoladen-Amaretti

Amaretti sind kleine italienische Makronen und werden gern zum Espresso serviert. Sie runden aber natürlich auch jedes andere Kaffeegetränk perfekt ab. Eine süße Versuchung zwischendurch!

100 Stück

00 30 std : min

Zubereitung

1. Den Backofen auf 170 °C Ober-/Unterhitze oder 150 °C Umluft vorheizen. Zucker und Vanillezucker in den geben, **20 Sek. | Stufe 10** pulverisieren und umfüllen.

2. Die Mandelkerne in den geben, **10 Sek. | Stufe 7** mahlen und umfüllen. Den spülen und trocknen.

3. Die Kuvertüre in den geben und **5 Sek. | Stufe 8** zerkleinern. Mit dem nach unten schieben und **5 Min. | 55 °C | Stufe 2** schmelzen.

4. Alle restlichen Zutaten, den Staubzucker sowie die gemahlenen Mandeln hinzufügen und **2 Min. | Stufe 4** vermischen.

5. Aus der Masse kleine Kugeln formen und auf mit Backpapier belegte Bleche setzen. Die Kekse im vorgeheizten Ofen etwa 12 Min. backen.

PRO STÜCK:
22 KCAL | 0 G E | 1 G F | 2 G KH

Zutaten

- 125 g Zucker
- 20 g selbst gemachter Vanillezucker (siehe Seite 20)
- 220 g Mandelkerne
- 50 g Zartbitterkuvertüre, in Stücken
- 2 Eiweiß
- 10 g Mandellikör, z. B. Amaretto
- 2 Tropfen Bittermandelaroma

Tipp: Sie können die Amaretti auch mit Pistazien verfeinern. Reduzieren Sie dafür die Menge der Mandelkerne auf 100 g und geben Sie stattdessen 120 g Pistazienkerne dazu.

Nugatkekse

Das feine Röstaroma der Haselnusskerne passt hervorragend zum cremigen Nussnugat. Mit ihren weißen Verzierungen aus Kuvertüre werden die Kekse zu kleinen Kostbarkeiten.

20 Stück | 00 35 std : min | zzgl. 30 Min. Kühlzeit

Zubereitung

1. Nussnugat in den Mixtopf geben und **3 Min. | 45 °C | Stufe 2** schmelzen. Die restlichen Zutaten zufügen und mithilfe des Spatels **45 Sek. | Stufe 5** verrühren.

2. Den Teig in Frischhaltefolie wickeln und etwa 30 Min. in den Kühlschrank legen.

3. Den Backofen auf 180 °C Ober-/Unterhitze oder 160 °C Umluft vorheizen. Aus dem Teig Kugeln formen, auf ein mit Backpapier belegtes Blech setzen und die Kekse etwa 15 Min. backen.

4. In der Zwischenzeit die Verzierung vorbereiten. Dafür die Kuvertüre in einen Gefrierbeutel geben, den Garkorb einhängen, so viel Wasser einfüllen, dass der Garkorb ca. 3 cm im Wasser hängt. Den geschlossenen Gefrierbeutel in den Garkorb legen und die Kuvertüre darin **8 Min. | 60 °C | Stufe 1** schmelzen. Anschließend die Kekse damit besprenkeln.

PRO STÜCK:
156 KCAL | 2 G E | 9 G F | 14 G KH

Zutaten

- 80 g Nussnugat, in Stücken
- 200 g Mehl Type 405
- 140 g Butter, in Stücken
- 1 Ei
- 60 g Staubzucker
- 40 g Haselnusskerne, geröstet und gemahlen
- 5 g Kakaopulver
- 1 Prise Salz
- 100 g weiße Kuvertüre, in Stücken
- etwa 1400 g Wasser zum Schmelzen

Kuvertüre im Gefrierbeutel in den Garkorb geben und schmelzen.

Schokoladen-Nuss-Sterne

Zum Kaffee in der Weihnachtszeit oder auch einfach mal so für zwischendurch aus der Keksdose, diese leckeren Schokoladen-Nuss-Sterne gehen einfach immer!

25 Stück | 00:30 std : min | zzgl. 1 Std. Kühlzeit

Zubereitung

1. Den Rühraufsatz in den sauberen, fettfreien [Mixtopf] einsetzen. Eiweiß in den [Mixtopf] geben und auf **Stufe 4** ohne Messbecher steif schlagen. Umfüllen und zur Seite stellen. Den [Mixtopf] spülen und trocknen.

2. Haselnuss- und Mandelkerne in den [Mixtopf] geben, **20 Sek. | Stufe 7** mahlen und umfüllen. Bitterschokolade oder Kuvertüre in den [Mixtopf] geben und **Stufe 0–10** aufsteigend mahlen.

3. Gemahlene Kerne, Zucker, Zimt sowie Rum zufügen und **1 Min. | Stufe 4** vermengen, eventuell mit dem [Spatel] nachhelfen. Den Eischnee durch die Deckelöffnung zugeben und unterheben.

4. Den Teig aus dem [Mixtopf] nehmen und auf einer Arbeitsfläche noch einmal durchkneten. In Frischhaltefolie gewickelt 1 Std. im Kühlschrank ruhen lassen.

5. Den Backofen auf 180 °C Ober-/Unterhitze oder 160 °C Umluft vorheizen. Den Teig dünn ausrollen, Sterne ausstechen und diese auf ein mit Backpapier ausgelegtes Blech setzen. Im Backofen 10 Min. backen.

PRO STÜCK:
59 KCAL | 1 G E | 4 G F | 6 G KH

Tipp: Für eine alkoholfreie Variante können Sie den Rum auch einfach durch Orangensaft ersetzen.

Zutaten

- 1 Eiweiß
- 75 g Haselnusskerne
- 50 g Mandelkerne
- 50 g gekühlte Bitterschokolade oder Kuvertüre
- 100 g Zucker
- 1 Msp. Zimtpulver
- 1 EL Rum

Nüsse, Schokolade, Zucker und Zimt bilden die Basis des Teigs.

Nussnugat-Kekse

Einfach, schnell und unschlagbar lecker. Wer nicht lange in der Küche stehen mag, aber auf selbst gebackene Kekse nicht verzichten kann, für den sind diese Kekse genau das Richtige!

30 Stück

00 20 std : min

Zubereitung

1. Den Backofen auf 190 °C Ober-/Unterhitze oder 170 °C Umluft vorheizen. Nussnugat-Creme, Ei, Mehl sowie Backpulver in den geben und **1 Min. | Stufe 4** vermischen.

2. Aus dem Teig Kugeln formen und mit Abstand auf ein mit Backpapier ausgelegtes Blech setzen.

3. Im vorgeheizten Backofen 8 Min. backen. Herausnehmen und auskühlen lassen.

PRO STÜCK:
50 KCAL | 1 G E | 2 G F | 7 G KH

Zutaten

180 g Nussnugat-Creme
1 Ei
150 g Mehl Type 405
1 TL Backpulver

Schokoladenspritzgebäck

Mit diesem spritzigen Gebäck sind Sie für süße Weihnachten bestens gewappnet. Aber auch im Rest des Jahres machen diese Leckereien eine gute Figur auf der Kaffeetafel!

25 Stück | 00 30 std : min

Zubereitung

1. Backofen auf 180 °C Ober-/Unterhitze oder 160 °C Umluft vorheizen. Schokolade oder Kuvertüre in den geben und **Stufe 1–10** aufsteigend mahlen.

2. Butter, Zucker sowie Vanillezucker zufügen und **1 Min. | Stufe 3** verrühren. Eigelbe nach und nach auf das laufende Messer geben. Mehl, Backpulver, Salz sowie Kakao zufügen und alles **3 Min. |** kneten.

3. Den Teig in einen Spritzbeutel mit Sterntülle füllen und als Streifen auf ein mit Backpapier ausgelegtes Blech spritzen.

4. Die Kekse im Backofen etwa 10 Min. backen. Inzwischen den säubern und trocknen.

5. Die Schokolade in den geben, **10 Sek. | Stufe 5** zerkleinern und **5 Min. | 55 °C | Stufe 2** schmelzen.

6. Die ausgekühlten Kekse je zu einem Drittel in die flüssige Schokolade tauchen und diese trocknen lassen.

PRO STÜCK:
75 KCAL | 1 G E | 5 G F | 7 G KH

Zutaten

- 25 g gekühlte Zartbitterschokolade oder Kuvertüre
- 100 g weiche Butter, in Stücken
- 60 g Zucker
- 1 EL selbst gemachter Vanillezucker (siehe Seite 20)
- 2 Eigelb
- 125 g Mehl Type 405
- ¼ Pck. Backpulver
- 1 Prise Salz
- 25 g Kakaopulver
- 150 g Zartbitterschokolade, in Stücken

Tipp: Achten Sie beim Aufspritzen auf das Backblech auf genügend Abstand zwischen den Plätzchen, da der Teig sich beim Backen noch ausdehnt.

Nusskrapferl

Leckereien, die Augen, Gaumen und Nase verzaubern – da gehören die Nusskrapferl eindeutig dazu. Der Haselnusskern auf dem Nugat bildet dabei den krönenden Abschluss!

30 Stück | 00 25 std : min

Zubereitung

1. Den Backofen auf 180 °C Ober-/Unterhitze oder 160 °C Umluft vorheizen. Haselnusskerne in den geben und **10 Sek. | Stufe 8** zerkleinern.

2. Restliche Zutaten zufügen und **20 Sek. | Stufe 4** vermengen. Eventuell mit dem nachhelfen.

3. Aus dem Teig eine Rolle formen und etwa 1 cm dicke Scheiben abschneiden. Diese auf ein mit Backpapier ausgelegtes Blech legen und im heißen Ofen etwa 7 Min. backen. Inzwischen den spülen und trocknen.

4. Nussnugat in den geben und **3 Min. | 45 °C | Stufe 2** schmelzen. Je einen Klecks Nugat in der Mitte der Kekse auftragen und mit einem Haselnusskern dekorieren.

PRO STÜCK:
87 KCAL | 1 G E | 5 G F | 9 G KH

Zutaten

- 50 g Haselnusskerne
- 75 g Butter, in Stücken
- 75 g Zucker
- 10 g selbst gemachter Vanillezucker (siehe Seite 20)
- 1 Prise Salz
- 1 Ei
- 200 g Mehl Type 405
- ½ TL Backpulver
- ca. 50 g Nussnugat, in Stücken
- 30 geschälte und geröstete Haselnusskerne

Tipp: Statt der Haselnusskerne können Sie auch andere Nüsse, wie etwa Mandelkerne, verwenden.

Anisplätzchen

Anis wird oft als Brotgewürz genutzt. Zur Adventszeit finden wir die kleinen Samen auch in allerhand süßen Backwaren wieder – wie in diesen leckeren Anisplätzchen!

20 Stück | 00:25 std : min | zzgl. 1 Std. Ruhezeit

Zutaten

- 2 Eier
- 125 g Zucker
- 1 EL selbst gemachter Vanillezucker (siehe Seite 20)
- 1 Prise Salz
- 150 g Mehl Type 405
- 1 EL Anispulver
- 2 TL Anissamen

Zubereitung

1. Den Rühraufsatz in den einsetzen. Eier, Zucker, Vanillezucker sowie Salz hineingeben und **2 Min. | 37 °C | Stufe 3** schaumig schlagen.

2. Das Mehl mit dem Anispulver zufügen und **3 Min. | Stufe 2,5** unterheben. Den Backofen auf 150 °C Ober-/Unterhitze oder 130 °C Umluft vorheizen.

3. Den Teig auf ein mit Backpapier ausgelegtes Blech streichen, mit Anissamen bestreuen und für 15 Min. backen.

4. Anschließend aus dem gebackenen Teig mithilfe von Ausstechförmchen die Plätzchen ausstechen.

PRO STÜCK:
60 KCAL | 2 G E | 1 G F | 13 G KH

Orangenplätzchen

Diese Orangenplätzchen sollten auf keinem Keksteller fehlen. Die raffinierte Kombination aus fruchtiger Orange, zart schmelzender Kuvertüre und Mandeln macht das Gebäck unwiderstehlich.

20 Stück | **00 40** std : min | **zzgl. 1 Std. Kühlzeit**

Zubereitung

1. Alle Zutaten, bis auf die Marmelade und die Kuvertüre, in den geben und **3 Min.** | verkneten.

2. Den Teig mit der Hand noch einmal gut durchkneten, zu einer Kugel formen und in Frischhaltefolie gewickelt etwa 1 Std. in den Kühlschrank legen.

3. Den Backofen auf 180 °C Ober-/Unterhitze oder 160 °C Umluft vorheizen. Den Teig auf einer leicht bemehlten Arbeitsfläche etwa 5 mm dick ausrollen. 40 Kreise ausstechen und auf einem mit Backpapier belegten Blech etwa 12 Min. hellgelb backen. Herausnehmen und auskühlen lassen.

4. Nach dem Auskühlen die Hälfte der Kekse mit Orangenmarmelade bestreichen und jeweils mit einem zweiten Keks belegen.

5. Die Kuvertüre im **4 Min.** | **55 °C** | **Stufe 2** schmelzen. Dann die Plätzchen zur Hälfte in die Schokoglasur tauchen und trocknen lassen.

PRO STÜCK:
167 KCAL | 2 G E | 9 G F | 19 G KH

Zutaten

200 g Mehl Type 405
zzgl. etwas mehr zum Bearbeiten
50 g gemahlene Mandelkerne
140 g Butter, in Stücken
65 g Staubzucker
40 g Orangeat, fein gehackt
1 Eigelb
1 Prise Salz
15 g selbst gemachter Vanillezucker (siehe Seite 20)
abgeriebene Schale von ½ Orange
100 g Orangenmarmelade
200 g Kuvertüre, in Stücken

Tipp: Sie können statt der Schokoladenglasur auch einen Zuckerguss für die Dekoration verwenden. Dafür einfach 200 g Staubzucker mit 30 g Orangensaft verrühren, Kekse damit bestreichen und trocknen lassen.

In unserem Ratgeber auf Seite 31 wird Orangeat selbst hergestellt!

Pinolibusserl

Pinoli ist der italienische Begriff für Pinienkerne und Busserl bedeutet Kuss in Österreich. In diesem knusprigen Gebäck sind beide Kulturen Südtirols aufs Köstlichste vereint!

25 Stück | 00:50 std : min

Zubereitung

1. Backofen auf 120 °C Ober-/Unterhitze oder 100 °C Umluft vorheizen.

2. Pinienkerne in den Mixtopf geben und **10 Sek. | Stufe 10** mahlen und in eine Schüssel umfüllen. Den Mixtopf reinigen.

3. Den Rühraufsatz in den Mixtopf einsetzen. Die Eiweiße mit Staubzucker sowie Salz hineingeben und **3 Min. | 37 °C | Stufe 4** schaumig schlagen. Gemahlene Pinienkerne und Vanillezucker auf **Stufe 3** unterrühren.

4. Mit einem Löffel kleine Häufchen von der Masse auf ein mit Backpapier ausgelegtes Blech setzen.

5. Die Kekse im Backofen etwa 40 Min. backen.

6. Auskühlen lassen und mit Staubzucker bestreuen.

PRO STÜCK:
54 KCAL | 2 G E | 3 G F | 6 G KH

Zutaten

- 2 Eiweiß
- 150 g Staubzucker
  zzgl. etwas mehr zum Bestreuen
- 1 Prise Salz
- 130 g Pinienkerne
- 1 EL selbst gemachter Vanillezucker (siehe Seite 20)

Husarenkrapferl

Vielerorts sind die Husarenkrapferl auch als Engelsaugen bekannt. So oder so – zu Weihnachten erfreuen sie sich allerorts großer Beliebtheit!

15 Stück | **00 35** std : min | **zzgl. 30 Min. Kühlzeit**

Zubereitung

1. Butter, Zucker, Vanillezucker sowie Salz in den [Mixtopf] geben und **1 Min. | Stufe 3** verrühren. Dabei das Ei auf das laufende Messer zugeben.

2. Mehl, Backpulver sowie Haselnüsse zufügen und alles **3 Min. | [Teigstufe]** kneten. Den Teig in Klarsichtfolie wickeln und 30 Min. im Kühlschrank ruhen lassen.

3. Den Backofen auf 200 °C Ober-/Unterhitze oder 180 °C Umluft vorheizen. Den Teig noch einmal durchkneten. Zu gleichmäßigen Strängen rollen und in gleich dicke Scheiben schneiden. Daraus Kugeln formen, mit Abstand auf ein mit Backpapier ausgelegtes Blech setzen und etwas flach drücken.

4. In die Mitte jeder Kugel mit dem Finger oder einem Holzlöffelstiel eine Vertiefung drücken und die Krapferl im Backofen etwa 12–15 Min. backen.

5. Die Krapferl auskühlen lassen, mit Staubzucker bestreuen und mit Marmelade füllen.

PRO STÜCK:
116 KCAL | 2 G E | 6 G F | 15 G KH

Zutaten

- 70 g weiche Butter, in Stücken
- 70 g Zucker
- 1 EL selbst gemachter Vanillezucker (siehe Seite 20)
- 1 Prise Salz
- 1 Ei
- 170 g Mehl Type 405
- ¼ TL Backpulver
- 20 g gemahlene Haselnusskerne
- Staubzucker
- 100 g Himbeermarmelade

Mandelsplitter

Dieses Naschwerk kann mit den feinsten Pralinen mithalten. Durch unterschiedliche Schokoladensorten sorgen Sie für Abwechslung. Sie eignen sich gut als süßes Geschenk!

50 Stück

00 15 std : min

Zubereitung

1. Die Mandeln in einer Pfanne ohne Öl anrösten, bis sie zu duften beginnen.

2. In der Zwischenzeit Schokolade in den Mixtopf geben und **Stufe 0–10** aufsteigend mahlen. Anschließend **5 Min. | 60 °C | Stufe 2** schmelzen, die Mandelstifte dazugeben und **45 Sek. | Linkslauf | Stufe 1** unterheben.

3. Mit einem Löffel kleine Häufchen auf ein mit Backpapier belegtes Backblech setzen und diese trocknen lassen.

PRO STÜCK:
164 KCAL | 4 G E | 12 G F | 9 G KH

Zutaten

300 g Mandelstifte

400 g Schokolade (je nach Geschmack Bitter-, Vollmilch- oder weiße Schokolade), in Stücken

Schokolade schmilzt im Mixtopf bei niedriger Temperatur.

Tipp: Sie können die Mandelstifte auch durch Cornflakes ersetzen.

Schneesterne

Die winterlichen Sterne passen zu jedem Adventskaffee! Zur Abwechslung kann man je zwei Kekse auch mit geschmolzener Schokolade oder etwas Marmelade zusammensetzen.

30 Stück | 00 25 std : min | zzgl. 30 Min. Kühlzeit

Zubereitung

1. Butter, Staubzucker sowie Vanillezucker in den Mixtopf geben und **3 Min.** | Teigmodus kneten.

2. Mehl, Stärke sowie kaltes Wasser hinzufügen und **1 Min.** | Teigmodus kneten.

3. Mit den Händen nachkneten. Den Teig in Klarsichtfolie wickeln und 30 Min. in den Kühlschrank legen.

4. Anschließend den Backofen auf 150 °C Ober-/Unterhitze vorheizen. Den Teig etwa 3 mm dick ausrollen, 30 Sterne ausstechen und im heißen Ofen 12 Min. backen.

PRO STÜCK:
62 KCAL | 0 G E | 4 G F | 7 G KH

Zutaten

- 125 g Butter, in Stücken
- 50 g Staubzucker
- 1 EL selbst gemachter Vanillezucker (siehe Seite 20)
- 60 g Mehl Type 405
- 100 g Stärke
- 1 ½ EL kaltes Wasser
- Staubzucker zum Bestreuen

Tipp: Wenn Sie möchten, können Sie die Kekse noch mit einer weißen Eiweißglasur überziehen. Dazu einfach 250 g Zucker in den Mixtopf geben, **25 Sek. | Stufe 10** pulverisieren und mit dem Spatel nach unten schieben. Den Rühraufsatz einsetzen. 1 Eiweiß zufügen und **1 Min. | Stufe 3** verrühren, dann **2 Min. 30 Sek. | Stufe 2,5** aufschlagen. Die Kekse damit bestreichen. Die Glasur kann auch noch mit dem Saft von ½ Zitrone verfeinert werden.

Haselnusstaler

Die Haselnuss ist seit jeher ein Symbol für Leben, Liebe und Wunscherfüllung – wenn das nicht mal Grund genug ist, gleich eine größere Menge dieser leckeren Kekse zu backen!

25 Stück | 00:35 std : min | zzgl. 1 Std. Kühlzeit

Zubereitung

1. Die Haselnusskerne im [Mixtopf] **5–8 Sek. | Stufe 4** grob hacken und umfüllen.

2. Staubzucker, Butter, Mehl, Salz sowie Vanillezucker in den [Mixtopf] geben und alles **20 Sek. | Stufe 4** vermengen.

3. Die gehackten Haselnüsse zufügen und alles **10 Sek. | [Linkslauf] | Stufe 4** verkneten.

4. Den Teig aus dem [Mixtopf] nehmen und auf der leicht bemehlten Arbeitsfläche mit der Hand noch mal gut durchkneten. Zu 3 cm dicken Rollen formen und in Klarsichtfolie gewickelt 1 Std. im Kühlschrank ruhen lassen.

5. Backofen auf 175 °C Ober-/Unterhitze oder 155 °C Umluft vorheizen. Den Teig in 1 cm dicke Scheiben schneiden. Diese auf ein mit Backpapier ausgelegtes Blech setzen und im Ofen etwa 15 Min. goldbraun backen.

PRO STÜCK:
179 KCAL | 2 G E | 14 G F | 13 G KH

Zutaten

- 200 g Haselnusskerne
- 100 g Staubzucker
- 250 g Butter, in Stücken
- 250 g Mehl Type 405 zzgl. etwas mehr zum Bearbeiten
- 1 Prise Salz
- 1 EL selbst gemachter Vanillezucker (siehe Seite 20)

Grob gehackte Nüsse verleihen den Keksen den gewissen Biss!

Tipp: Verzieren Sie die Taler noch mit flüssiger Schokolade! Dazu einfach Kuvertüre in einen Gefrierbeutel geben und den Garkorb in den [Mixtopf] einhängen. So viel Wasser einfüllen, dass der Garkorb etwa 3 cm im Wasser hängt. Beutel hineinlegen, die Kuvertüre **8 Min. | 60 °C | Stufe 1** schmelzen.

Kokosbusserl

Diese kleinen Köstlichkeiten werden aus nur fünf Zutaten blitzschnell im Thermomix® gezaubert! In kleine Tütchen eingepackt sehen sie aus wie winterliche Schneeberge und sind ein tolles Mitbringsel und Geschenk im Adventskalender.

25 Stück | 00 55 std : min

Zubereitung

1. Den Backofen auf 120 °C Ober-/Unterhitze oder 100 °C Umluft vorheizen. Den Zucker im Mixtopf **10 Sek. | Stufe 10** zu Staubzucker mahlen, anschließend den Rühraufsatz einsetzen.

2. Eiweiße, Vanillezucker sowie Salz zufügen und alles **3 Min. | 37 °C | Stufe 3** aufschlagen.

3. Die Kokosflocken zugeben und **1 Min. | Stufe 3** verrühren.

4. Mit einem Löffel kleine Häufchen von der Masse auf ein mit Backpapier ausgelegtes Blech setzen.

5. Im Backofen etwa 35 Min. backen, bei Umluft verkürzt sich die Backzeit auf etwa 30 Min.

PRO STÜCK:
39 KCAL | 1 G E | 2 G F | 4 G KH

Zutaten

- 80 g Zucker
- 2 Eiweiß
- 1 EL selbst gemachter Vanillezucker (siehe Seite 20)
- 1 Prise Salz
- 100 g Kokosflocken

Tipp: Sie können die Kokosmasse zum Backen auch auf Backoblaten setzen.

In nur zehn Sekunden wird aus Zucker feinster Staubzucker.

Florentiner

In den meisten Teilen Italiens sucht man diese Köstlichkeiten trotz des so anmutenden Namens vergebens, dafür sind sie in Südtirol als knuspriges Weihnachtsgebäck umso beliebter.

14 Stück

00:25 std : min

Zubereitung

1. Den Backofen auf 200 °C Ober-/Unterhitze oder 180 °C Umluft vorheizen. Pistazien und Haselnüsse in den geben, **5 Sek. | Stufe 6** hacken und umfüllen.

2. Die Butter in den geben und **2 Min. | 70 °C | Stufe 1** schmelzen. Zucker, Stärke, Mandelblättchen sowie Sahne zufügen und alles **5 Sek. | Stufe 5** verrühren.

3. Orangeat, gehackte Pistazien sowie Nüsse zur Masse in den geben und **10 Sek. | Stufe 1** vermengen.

4. Aus der Masse auf einem mit Backpapier belegten Blech kleine runde Häufchen formen und mit dem flach ausstreichen.

5. Im vorgeheizten Backofen etwa 10 Min. backen. Auskühlen lassen und vorsichtig vom Backpapier lösen.

6. Die Zartbitterkuvertüre in den geben, **5 Sek. | Stufe 8** zerkleinern und mit dem nach unten schieben. Anschließend **2 Min. | 50 °C | Stufe 2** schmelzen.

7. Die Florentiner nacheinander mit der glatten Seite in die Kuvertüre tauchen, kurz abtropfen und dann trocknen lassen.

PRO STÜCK:
121 KCAL | 2 G E | 9 G F | 8 G KH

Zutaten

- 20 g Pistazienkerne
- 50 g Haselnusskerne
- 30 g Butter
- 70 g Zucker
- 10 g Stärke
- 50 g Mandelblättchen
- 70 g Sahne
- 30 g gehacktes Orangeat
- 150 g Zartbitterkuvertüre, in Stücken

Tipp: Nach Belieben können Sie auch getrocknete und gehackte Marillen, gehackte Korinthen oder ähnliche Zutaten zufügen und so für eine bunte Abwechslung sorgen!

Katzenzungen

Hier treffen cremige Schokoglasur und süße Marmelade auf knusprigen Keks. Und das Beste: Schon nach 30 Minuten sind die Plätzchen fertig und erfüllen das Haus mit ihrem köstlichen Duft.

40 Stück | 00:30 std : min

Zutaten

- 120 g weiche Butter, in Stücken
- 100 g Staubzucker
- 1 EL selbst gemachter Vanillezucker (siehe Seite 20)
- 1 Prise Salz
- 1 Ei
- 1 Eigelb
- 145 g Mehl Type 405
- 250 g Marillenmarmelade
- 140 g Schokolade, in Stücken

Zubereitung

1. Den Backofen auf 180 °C Ober-/Unterhitze oder 160 °C Umluft vorheizen. Butter, Staubzucker, Vanillezucker sowie Salz in den Mixtopf geben und **1 Min. | Stufe 3** verrühren. Ei sowie Eigelb nach und nach auf das laufende Messer geben. Mehl zufügen und **1 Min. |** Teigknetstufe kneten.

2. Den Teig in einen Spritzbeutel füllen und 80 etwa 5 cm lange Streifen mit großem Abstand auf mit Backpapier ausgelegte Bleche spritzen (der Teig läuft beim Backen auseinander).

3. Kekse im Backofen 10 Min. backen. Auskühlen lassen. Inzwischen den Mixtopf spülen und trocknen.

4. Die Marillenmarmelade erwärmen, die Hälfte der Kekse damit bestreichen und mit der anderen Hälfte bedecken.

5. Die Schokolade im sauberen Mixtopf **10 Sek. | Stufe 5** zerkleinern und anschließend **4 Min. 30 Sek. | 55 °C |** Rührstufe schmelzen lassen.

6. Die Katzenzungen zur Hälfte mit der geschmolzenen Schokolade überziehen.

PRO STÜCK:
89 KCAL | 1 G E | 4 G F | 13 G KH

Tipp: Die flachen Plätzchen können als Doppeldecker oder als einzelne Plätzchen ohne die Marillenmarmelade als Füllung zubereitet werden.

Schokohörnchen

Diese kleinen Hörnchen dürfen in der Weihnachtszeit nicht fehlen. Haselnüsse, Zimt und knuspriges Krokant verschmelzen zu einer winterlichen Leckerei und sorgen für strahlende Gesichter.

15 Stück | 00 30 std : min

Zubereitung

1. Den Backofen auf 180 °C Ober-/Unterhitze oder 160 °C Umluft vorheizen. Butter, Staubzucker sowie Zimtpulver in den geben und **1 Min. | Stufe 4** schaumig rühren. Die Eigelbe nacheinander auf das laufende Messer geben.

2. Mehl, Haselnusskerne, Backpulver, Kakaopulver sowie Salz zufügen und **1 Min. | Stufe 4** vermengen, dabei eventuell mit dem nachhelfen.

3. Den Teig in einen Spritzbeutel füllen und als Hörnchen auf ein mit Backpapier ausgelegtes Blech spritzen. Mit Haselnusskrokant bestreuen.

4. Im Backofen 10 Min. backen. Auskühlen lassen. Den spülen und trocknen.

5. Schokolade im für **10 Sek. | Stufe 8** zerkleinern und dann **5 Min. | 50 °C |** schmelzen. Die Hörnchen mit den Enden hineintauchen und trocknen lassen.

PRO STÜCK:
203 KCAL | 3 G E | 15 G F | 15 G KH

Zutaten

- 110 g weiche Butter, in Stücken
- 50 g Staubzucker
- 1 Msp. Zimtpulver
- 2 Eigelb
- 100 g Mehl Type 405
- 65 g gemahlene Haselnusskerne
- ¼ Pck. Backpulver
- 1 EL Kakaopulver
- 1 Prise Salz
- Haselnusskrokant zum Bestreuen
- 150 g Schokolade, in Stücken

Verwenden Sie am besten einen Spritzbeutel mit großer Tülle.

thermomix
VORWERK
Menu
00:00
0

Weihnachts-kuchen

Was wäre der traditionelle Adventskaffee ohne einen leckeren Kuchen? Der raffinierte Glühweinkuchen erinnert ans gemütliche Bummeln über den Weihnachtsmarkt, der Teekuchen lädt zum Verweilen mit einem guten Buch ein und der Aniskuchen zaubert bei jedem den Geist der Weihnacht hervor. Entdecken Sie unsere wohlbedachte Auswahl an himmlischen Kuchen für eine besinnliche Weihnachtszeit!

Glühweinkuchen

Zusammen mit Zimt und Schokolade kommt der Geschmack des Rotweins wunderbar zur Geltung und erinnert an den innig geliebten Glühwein vom Weihnachtsmarkt.

12 Stücke

01:00 std : min

Zubereitung

1. Den Backofen auf 160 °C Ober-/Unterhitze oder 140 °C Umluft vorheizen. Die Kuvertüre in den ◻ geben, **10 Sek. | Stufe 10** zerkleinern und umfüllen.

2. Die Eier mit Zucker, Vanillezucker sowie Salz in den ◻ geben, **2 Min. | Stufe 4** verrühren und nach und nach die weiche Butter durch die Deckelöffnung zufügen.

3. Die restlichen Zutaten, bis auf die Kuvertüre, in den ◻ geben und weitere **2 Min. | Stufe 4** verrühren. Die Kuvertüre **10 Sek. | ↺ | ⚲** untermischen.

4. Teig in eine gefettete Gugelhupfform (Ø 22 cm) geben und im heißen Ofen etwa 50 Min. backen. Nach dem Abkühlen den Kuchen mit Staubzucker bestreuen und servieren.

PRO STÜCK:
306 KCAL | 4 G E | 20 G F | 25 G KH

Zutaten

- 150 g Zartbitterkuvertüre, in Stücken
- 4 Eier
- 200 g Zucker
- 1 TL selbst gemachter Vanillezucker (siehe Seite 20)
- 1 Prise Salz
- 200 g weiche Butter, in Stücken, zzgl. etwas mehr zum Fetten der Form
- 15 g Kakaopulver
- 1 TL Zimtpulver
- 1 TL Rum
- 1 TL Backpulver
- 125 g kräftiger Rotwein
- Staubzucker zum Bestreuen

Tipp: Mit je 1 Prise Kardamom- und Nelkenpulver im Teig wird dieser Kuchen noch aromatischer. Einfach in Schritt 2 dazugeben!

Aniskuchen

Dieser Kuchen ist in weniger als fünf Minuten im Thermomix® gezaubert! Den Rest übernimmt der Backofen. Perfekt, wenn das Weihnachtsfest kurz vor der Tür steht.

12 Stücke | **00 40** std : min

Zubereitung

1. Den Backofen auf 180 °C Ober-/Unterhitze oder 160 °C Umluft vorheizen. Den Zucker in den geben und **10 Sek. | Stufe 10** pulverisieren. Butter, Anispulver, Vanillezucker sowie Salz zufügen und **1 Min. 30 Sek. | Stufe 4** schaumig rühren. Nach und nach die Eier durch die Deckelöffnung des hinzugeben.

2. Mehl mit Backpulver zufügen und alles **30 Sek. | Stufe 3** vermengen.

3. Die Masse in eine gefettete Rohrbodenform (Ø 26 cm) geben und im Backofen 35 Min. backen.

PRO STÜCK:
317 KCAL | 5 G E | 16 G F | 35 G KH

Zutaten

- 200 g Zucker
- 200 g Butter, in Stücken, zzgl. etwas mehr zum Fetten der Form
- 15 g Anispulver
- 15 g selbst gemachter Vanillezucker (siehe Seite 20)
- 1 Prise Salz
- 4 Eier
- 250 g Mehl Type 405
- 1 TL Backpulver

Tipp: Sie können den Kuchen nach dem Abkühlen noch mit etwas Staubzucker bestreuen oder mit einer Schokoladenglasur beträufeln!

Rehrücken

Ein leckerer Rehrücken kann auch entzücken! Laden Sie doch mal zum Wild-Essen der anderen Art ein. Dunkle Schokolade und feine Mandelkerne zeichnen diesen Kuchen besonders aus.

10 Stücke | 00 55 std : min

Zubereitung

1. Den Backofen auf 160 °C Ober-/Unterhitze oder 140 °C Umluft vorheizen. Mandeln im **20 Sek. | Stufe 7** zerkleinern, umfüllen.

2. Die Kuvertüre in den geben und **15 Sek. | Stufe 10** zerkleinern. Öl, Zucker, Vanillezucker, Salz, Eier sowie Milch zufügen und **4 Min. | Stufe 4** schaumig schlagen.

3. Mehl, Stärke, Backpulver sowie die gemahlenen Mandelkerne zugeben, **5 Sek. | Stufe 4** unterrühren.

4. Die Masse in eine gefettete, mehlierte Rehrückenform füllen und im Ofen etwa 40 Min. backen. Den spülen und trocknen.

5. Für die Glasur die Schokolade in den geben und **Stufe 1–10** langsam ansteigend zerkleinern. Anschließend **2 Min. | 37 °C | Stufe 1** schmelzen, dabei das Öl zufügen und evtl. mit dem untermischen.

6. Die Glasur auf dem ausgekühlten Rehrücken verstreichen. Mit den Pinienkernen oder den Mandelsplittern garnieren.

PRO STÜCK:
382 KCAL | 7 G E | 25 G F | 33 G KH

Beim Backen sollte neutrales Öl wie Rapsöl verwendet werden.

Zutaten

- 100 g Mandelkerne
- 100 g Zartbitterkuvertüre, grob zerkleinert
- 80 g Öl zzgl. etwas mehr zum Fetten der Form
- 150 g Zucker
- 10 g selbst gemachter Vanillezucker (siehe Seite 20)
- 1 Prise Salz
- 3 Eier
- 60 g Milch
- 50 g Mehl Type 405 zzgl. etwas mehr zum Bestreuen der Form
- 30 g Stärke
- 2 TL Backpulver
- 150 g dunkle Schokolade, in Stücken
- 10 g Öl
- Mandelsplitter oder Pinienkerne zum Garnieren

Tipp: Sollten Sie keine Rehrückenform besitzen, können Sie auch auf eine Kastenform zurückgreifen.

CAFE

Linzer Schnitten

Die leckere Johannisbeermarmelade und das ausgefallene Teiggitter der Linzer Schnitten erwärmen in der kalten Jahreszeit das Herz eines jeden Kuchenliebhabers!

12 Stück | 01 05 std : min

Zubereitung

1. Den Backofen auf 180 °C Ober-/Unterhitze oder 160 °C Umluft vorheizen. Butter, Honig, Eier, Vanillezucker, Zitronenschale, Zimt- und Nelkenpulver, Rum sowie Salz in den geben und alles **10 Sek. | Stufe 5** verrühren.

2. Mehl, Haselnüsse, Kakao sowie Backpulver zufügen und **10 Sek. | Stufe 5** vermengen, dabei evtl. mit dem etwas nachhelfen.

3. Zwei Drittel des Teigs auf ein mit Backpapier belegtes Blech verteilen, mit der Preiselbeermarmelade dick bestreichen.

4. Den restlichen Teig in einen Spritzbeutel füllen und gitterartig auf die Marmelade aufspritzen.

5. Mit dem verquirlten Eigelb bestreichen und für 40 Min. im vorgeheizten Backofen backen. Den Kuchen nach dem Auskühlen in 12 Schnitten teilen. Nach Belieben noch mit Staubzucker bestreuen.

PRO STÜCK:
452 KCAL | 7 G E | 25 G F | 52 G KH

Zutaten

- 200 g weiche Butter, in Stücken
- 180 g Honig
- 3 Eier
- 15 g selbst gemachter Vanillezucker (siehe Seite 20)
- 1 Msp. abgeriebene Zitronenschale
- ½ TL Zimtpulver
- 1 Msp. Nelkenpulver
- 1 TL Rum
- 1 Prise Salz
- 250 g Mehl Type 405
- 170 g gemahlene Haselnusskerne
- 10 g Kakaopulver
- ½ Pck. Backpulver
- 400 g Johannisbeermarmelade
- 1 Eigelb
- etwas Staubzucker zum Bestäuben

Saftige Orangenschnitten

Schon der Duft von Orangen erinnert an die besinnliche Weihnachtszeit. Die Schnitten schmecken dank des Safts in der Glasur sehr fruchtig und macht seinem Namen alle Ehre!

16 Stück | 00 40 std : min

Zubereitung

1. Den Backofen auf 180 °C Ober-/Unterhitze oder 160 °C Umluft vorheizen. Butter, Zucker, Vanillezucker, Salz sowie Orangenschale in den geben und **3 Min. | Stufe 4** schaumig schlagen.

2. Die Eier nach und nach durch die Deckelöffnung zufügen, dabei weitere **3 Min. | Stufe 4** schlagen.

3. Backpulver und Mehl zufügen, **4 Sek. | Stufe 4** unterrühren und mit dem nach unten schieben. Den Vorgang wiederholen.

4. Masse auf ein mit Backpapier belegtes Blech streichen und den Kuchen im Ofen etwa 30 Min. backen. Währenddessen den spülen und trocknen.

5. Für die Glasur den Orangensaft mit Staubzucker in den geben, **5 Sek. | Stufe 3** gut vermischen.

6. Dann den Kuchen aus dem Backofen nehmen, mit einer Gabel mehrmals einstechen und mit dem Orangensaft-Staubzucker-Gemisch beträufeln. In Schnitten teilen und servieren.

PRO STÜCK:
287 KCAL | 4 G E | 16 G F | 34 G KH

Zutaten

- 200 g Butter, in Stücken
- 170 g Zucker
- 10 g selbst gemachter Vanillezucker (siehe Seite 20)
- 1 Prise Salz
- abgeriebene Schale von 1 Orange
- 4 Eier
- 1 TL Backpulver
- 200 g Mehl Type 405
- 100 g Orangensaft
- 50 g Staubzucker

Tipp: Sie können die Hälfte des Orangensafts auch durch Rum ersetzen – dies gibt dem Kuchen ein tolles zusätzliches Aroma.

Mohn-Kokos-Schnitten

Mild-nussig schmeckender Mohn, kombiniert mit dem erfrischenden Geschmack der Kokosflocken – diese Schnitten dürfen in der Adventszeit nicht fehlen!

16 Stück

00 35 std : min

Zubereitung

1. Backofen auf 200 °C Ober-/Unterhitze oder 180 °C Umluft vorheizen. Den Rühraufsatz in den sauberen, fettfreien einsetzen. Die Eiweiße mit Salz hineingeben und **Stufe 4** ohne Messbecher unter Sichtkontakt steif schlagen. Umfüllen und beiseitestellen.

2. Den Rühraufsatz entfernen. Butter, Eigelbe, Vanillezucker sowie Zucker in den geben und **1 Min. | Stufe 3** verrühren. Mehl, Kokosflocken, Mohn sowie Backpulver zufügen und **3 Min. |** kneten.

3. Während des Rührvorgangs den Eischnee und die Apfelwürfel langsam durch die Deckelöffnung zugeben. Anschließend die Masse auf ein mit Backpapier ausgelegtes Blech streichen.

4. Den Kuchen im Backofen 15–20 Min. backen. Nach dem Auskühlen in 16 Schnitten teilen.

PRO STÜCK:
213 KCAL | 4 G E | 12 G F | 20 G KH

Zutaten

- 3 Eiweiß
- 1 Prise Salz
- 100 g weiche Butter, in Stücken
- 3 Eigelb
- 15 g selbst gemachter Vanillezucker (siehe Seite 20)
- 50 g Zucker
- 150 g Mehl Type 405
- 70 g Kokosflocken
- 25 g gemahlener Mohn
- 1 Pck. Backpulver
- 1 mittelgroßer Apfel, in Würfeln

Die Apfelwürfel machen die Schnitten besonders saftig.

Tipp: Reichen Sie zu den Mohn-Kokos-Schnitten doch frische Himbeersahne! Dazu einfach 80 g Himbeeren in den geben, **2 Min. | Stufe 10** pürieren. Umfüllen und nach Belieben noch durch ein Sieb streichen. Den Rühraufsatz einsetzen. 250 g Sahne mit 1 Pck. Sahnesteif in den geben und **Stufe 3** bei Sichtkontakt steif schlagen. Das Himbeermus mit dem unterheben.

Teekuchen

It's Tea-Time! Dieser Kuchen ist die richtige Wahl für Tee oder Kaffee am Nachmittag. Die Korinthen sorgen mit ihrem leicht herben Aroma für den perfekten Ausgleich zu den süßen Rosinen.

16 Stücke | 01:20 std : min

Zubereitung

1. Den Backofen auf 180 °C Ober-/Unterhitze oder 160 °C Umluft vorheizen. Rosinen und Korinthen mit dem Rum vermischen, bis zur Verwendung beiseitestellen.

2. Den weißen Zucker in den Mixtopf einwiegen, **30 Sek. | Stufe 10** pulverisieren und umfüllen. Mandelkerne in den Mixtopf geben, **10 Sek. | Stufe 8** zerkleinern und ebenfalls umfüllen.

3. Die Butter in den Mixtopf geben und **2 Min. | 60 °C | Stufe 3** schmelzen. Den braunen Zucker zufügen und beides **30 Sek. | Stufe 5** schaumig schlagen.

4. Die Eier ebenso **30 Sek. | Stufe 5** unterrühren. Das Mehl mit Backpulver sowie den gemahlenen Mandeln zufügen und alles **1 Min. | Stufe 5** verrühren.

5. Kandierte Früchte, Rosinen sowie Korinthen samt Rum zufügen und **30 Sek. | Linkslauf | Stufe 4** vermengen.

6. Teig in eine gefettete Kastenform (30 x 11 cm) geben und im heißen Ofen auf der unteren Schiene etwa 60–70 Min. backen. Garprobe mit dem Holzstäbchen machen.

7. Den fertigen Kuchen auf einem Kuchengitter auskühlen lassen und mit dem Staubzucker bestäuben.

PRO STÜCK:
364 KCAL | 5 G E | 16 G F | 48 G KH

Zutaten

- 120 g Rosinen
- 80 g Korinthen
- 45 g Rum
- 50 g weißer Zucker
- 50 g Mandelkerne
- 250 g Butter, in Stücken, zzgl. etwas mehr zum Fetten der Form
- 250 g brauner Zucker
- 4 Eier
- 330 g Mehl Type 405
- 1 TL Backpulver
- 100 g gemischte kandierte Früchte
- Staubzucker zum Bestreuen

Im Mixtopf wird Butter ganz schnell geschmolzen.

Tipp: Um zu verhindern, dass die Früchte auf den Boden sinken, können Sie sie vorher etwas ausdrücken, auf einem Teller mit Mehl bestäuben und dann in den Teig geben.

Alphabetisches Rezeptregister

Impressum

„Südtirol backt! Die besten Rezepte für Kuchen, Torten und Plätzchen mit dem Thermomix®" ist eine Publikation aus dem Hause falkemedia

Herausgeber
falkemedia GmbH & Co. KG,
K. A. Goukassian (v. i. S. d. P.)

Bildnachweise
S. 18/19: thenounproject.com/ Made (1), shutterstock.com/Great Vector Elements (1) | S. 20/21: thenounproject.com/ Creaticca, Creative Agency | S. 22/23: thenounproject.com/Dinosoft Labs (1), H Alberto Gongora (1) | S. 26: thenounproject.com/Creative Stall

falkemedia

Konzept
Heinrich Gasteiger
Vivien Koitka
Magda Lena Werth

Rezeptentwicklung
Heinrich Gasteiger
Magda Lena Werth
Charlotte Marx
Vivien Windel

Nährwerte
Sieglinde Kofler

Foodstyling
Heinrich Gasteiger

Fotografie
Anna Gieseler
Günther Pichler

Redaktion
Vivien Koitka (Chefredakteurin)
Jenifer Nadolski
Elisabeth Witten

Lektorat
SchlussBlick

Grafik und Bildbearbeitung
Lara Klemm
Nadja Ulrich
Nele Witt
Kathrin Knoll

Verlag
falkemedia GmbH & Co. KG
An der Halle 400 #1, 24143 Kiel
Fon +49 431 200 766-00
Fax +49 431 200 766-50
HRA 8785 Amtsgericht Kiel

www.falkemedia.de
www.zaubertopf.de

Druck
Impress media GmbH
www.impress-media.de

1. Auflage August 2019
ISBN: 978-3-96417-100-9

Der Blick vom Weißhorn ins benachbarte Trentino lässt die Weite Südtirols erahn